Christoph Grützmacher

Existenzgründung
im Social Management

Perspektiven und Herausforderungen
bei Gründungen im Nebengewerbe

Bibliografische Information der Deutschen Nationalbibliothek:

Die Deutsche Nationalbibliothek verzeichnet diese Publikation in der Deutschen Nationalbibliografie; detaillierte bibliografische Daten sind im Internet über http://dnb.d-nb.de abrufbar.

Impressum:

Copyright © Studylab 2019

Ein Imprint der Open Publishing GmbH, München

Druck und Bindung: Books on Demand GmbH, Norderstedt, Germany

Coverbild: Open Publishing GmbH | Freepik.com | Flaticon.com | ei8htz

Für Gerd Grützmacher

Kurzvita

Christoph Grützmacher, Jahrgang 1978, hat nach einer Ausbildung zum Groß- und Außenhandelskaufmann und einer weiteren Ausbildung zum examinierten Altenpfleger nebenberuflich Social Management (B.A.) in Gummersbach und Berlin studiert, um sein wirtschaftliches Interesse mit Themen aus dem Gesundheits- und Sozialwesen verknüpfen zu können und Handlungsempfehlungen für Gründungsinteressierte zu erarbeiten.

Vorwort

Die Fragestellung, die mich im Rahmen meines Projektes während des Steinbeis-Studiums begleitet, ist die Fragestellung nach dem idealen Gründungsprozess. Da ich eine Selbständigkeit im sozialen Dienstleistungsbereich aus dem Nebenerwerb im Anschluss an mein Studium anstrebe, ist die Zielsetzung grundsätzlich die Erhebung von fördernden Faktoren und die Entwicklung einer Art „Fahrplan" für eine gelingende Selbständigkeit. Ich erhoffe mir, nach Abschluss des Studiums Handlungsempfehlungen erstellt zu haben, die zu beachtende Fallstricke in der Vorgründungsphase und in der ersten Gründungszeit gleichermaßen berücksichtigen. Existenzgründungen in Deutschland sind vielfältig – von ihrer Rechtsform, ihren Gründungsideen, den Branchen sowie von den persönlichen Motiven zur Gründung. Die Bachelor-Thesis verfolgt die Fragestellung, welche Faktoren dazu beitragen, dass eine Gründung im Nebengewerbe als Einzelunternehmer im Bereich der sozialen Dienstleistungen gelingen kann.

Gummersbach, den 29.08.2017

Christoph Grützmacher

Inhaltsverzeichnis

Abbildungsverzeichnis

Tabellenverzeichnis

Abkürzungen

16 PF-R	16 Persönlichkeits-Faktoren-Test
BA	Bundesagentur für Arbeit
Bafa	Bundesamt für Wirtschaft und Ausfuhrkontrolle
BMAS	Bundesministerium für Arbeit und Soziales
BMWI	Bundesministerium für Wirtschaft und Energie
BRICS	BRICS-Staaten = Vereinigung aufstrebender Volkswirtschaften, „BRICS" sind die Anfangsbuchstaben der fünf Staaten in Englisch: Brazil, Russia, India, China und South Africa
COSME	EU-Programm für die Wettbewerbsfähigkeit von Unternehmen und für KMU (COSME)
DWI	Deutsches Institut für Wirtschaftsforschung e.V.
EFSI	Europäischer Fonds für strategische Investitionen
ESF	Europäischer Sozialfonds
Eurostat	Statistische Amt der Europäischen Union
GEM	Global Entrepreneurship Monitor
GmbH	Gesellschaft mit beschränkter Haftung
gGmbH	gemeinnützige Gesellschaft mit beschränkter Haftung
IAB	Institut für Arbeitsmarkt- und Berufsforschung
IHK	Industrie und Handelskammer
INMIT	Institut für Mittelstandsökonomie an der Universität Trier
KfW	Kreditinstitut für Wiederaufbau
MAIS	Ministerium für Arbeit, Integration und Soziales (NRW)
UDS	Unternehmensdemographiestatistik des Statistischen Bundesamtes
WiWO	Wirtschaftswoche

1 Darstellung der Fragestellung und Zielsetzung und Abänderung der Ursprungsidee

Ziel der Bachelor-Thesis ist es, eine Art „Fahrplan" für eine gelingende Selbständigkeit im Bereich der sozialen Dienstleistungen in der speziellen Gründungsform der Selbständigkeit im Nebenerwerb zu erarbeiten. Die Bachelor-Thesis verfolgt die Fragestellung, welche Faktoren dazu beitragen, dass eine Gründung gelingen kann und welche Faktoren ein Scheitern begünstigen. Zu Beginn des Steinbeis-Studiums stand die Idee, mich zu Ende des Studiums im Bereich sozialer Dienstleistungen, genauer im Bereich der Berufsbetreuung, die zu den sogenannten „freien Berufen" zählt[1], selbständig zu machen. Die Zeit des Studiums sollte gewinnbringend genutzt werden, um einen Leitfaden für eine erfolgreiche Gründung als „Projekt" zu erarbeiten. Der ursprüngliche Gedanke für das Projekt zu Beginn des Studiums war die Vorstellung, das gesetzte Ziel durch eine Befragung zu hemmenden und fördernden Faktoren von Gründern im Bereich der Berufsbetreuung durchzuführen. Hierzu sollte ein Fragebogen entworfen werden, der Berufsbetreuungsbüros in Deutschland zu hemmenden und fördernden Faktoren während der Gründungsphase und in den ersten drei Jahren der neu aufgebauten Existenzgründung befragt. Zielsetzung dieser Idee war es, in bestimmten Bereichen wie z.B. „Softwarelösungen", „Büroeinrichtung", „Kommunikation mit anderen Institutionen" usw. Aussagen zu erhalten, welches Vorgehen oder welche Lösungen sich auf die Gründung positiv oder negativ ausgewirkt haben. Dieser Ansatz hat sich nach näherer Betrachtung jedoch aus zwei Gründen als nicht zielführend erwiesen. Zum einen ist eine Übertragbarkeit nur schwer herzustellen, denn die zu befragenden Betreuer*innen sind in unterschiedlichen Bundesländern ansässig und kommen aus unterschiedlichen Branchen. So ist das Führen von Betreuungen für Rechtsanwälte oft eine Art Hinzuverdienst zur Kanzlei, auch werden nicht umständliche Betreuungen mit mehreren Aufgabenkreisen geführt, sondern z.B. nur die Vermögensverwaltung, die einen eher geringen persönlichen Kontakt benötigt.

Diese Voraussetzungen sind z.B. nicht übertragbar auf kleine Einzelunternehmer, die sich rein auf die Betreuungstätigkeit konzentrieren. Des Weiteren fehlte bei dieser Vorgehensweise die Berücksichtigung der jeweiligen regionalen Gegebenheiten. So existieren von Kommune zu Kommune unterschiedliche Vorgehensweisen

---

[1] Vgl. http://www.bundesanzeiger-verlag.de/betreuung/wiki/Berufsbetreuer (Stand 04.06.2017)

bei der Eröffnung eines Betreuungsbüros, dies geht über Vorschriften zu Probezeiten hin zu Vorgaben bei dem Berichtswesen, den Abrechnungen usw. Der anfänglich angedachte Fragebogen wäre nicht in der Lage gewesen, diese branchenspezifischen und regionalspezifischen Besonderheiten abzubilden und hätte somit keine übertragbaren und allgemeingültigen Aussagen treffen können.

Hinzu kam nach Absprache mit meinem Studienbetreuer, Herrn Prof. Dr. Nauendorf die Problematik, dass eine eigene wissenschaftliche Befragung entweder vom Arbeitsumfang her weit über die Erstellung einer Projekterarbeitung und anschließenden Bachelorarbeit hinausgehen würde und dies auch von den wissenschaftlichen Anforderungen her eher im Bereich eines Masterstudiums anzusiedeln wäre. Es wurde somit überlegt, wie eine im Rahmen der Studienarbeit zu erstellende wissenschaftliche Arbeit Erkenntnisse für das Projekt der Existenzgründung liefern könnte und in welcher Form vorhandene Studien und Analysen bezogen auf die eigene Forschungsfrage ausgewertet werden könnten, um diese dann im Rahmen der Bachelorarbeit vertieft auswerten und bearbeiten zu können. Aus diesem Grund erfolgte eine Abänderung, sodass sich der Forschungsgegenstand nicht mehr auf den Bereich der Berufsbetreuung bezieht, da dies zu eingrenzend gewesen wäre und eine Vergleichbarkeit aufgrund der oben genannten Faktoren nicht herstellbar gewesen wäre. Er wurde somit erweitert auf den Bereich „Soziale Dienstleistungen". Es wird somit im Folgenden in der Bachelor-Thesis untersucht, welche Bedingungen hinderlich oder förderlich für den Gründungsprozess eines Einzelunternehmers sind, der im Bereich der sozialen Dienstleistungen und spezifisch im Nebenerwerb gründen möchte. Eine reine Fokussierung auf Existenzgründung an sich wäre zu offen gewesen, sodass die Kriterien „Nebengewerbe" und „soziale Dienstleistung" relevante, zu berücksichtigende Faktoren darstellen, da sie direkt Einfluss auf den Gründungsverlauf nehmen. So kann auch im Bereich der Preiskalkulation der Bereich der sozialen Dienstleistungen nicht direkt mit stärker gewinnorientierten Branchen wie z.B. Social Media Start Ups, deren Kunden vorwiegend aus der Privatwirtschaft kommen bzw. keine Kostenerstattung durch Transferleistungen oder Kommunen/öffentliche Gelder erhalten, verglichen werden. Eine Auswahl an Studien, die diese speziellen Kriterien in den Blick nehmen, ermöglicht es, für den Forschungsgegenstand relevante Aussagen zu treffen.

1.1 Vorbereitung im Rahmen von Projektstudienarbeit und Studienarbeit

Die Projektstudienarbeit diente als erstes angewandtes Instrument, um eine Idee davon zu entwickeln, ob und inwiefern die eigene Gründungsidee grundsätzlich und vor allem im Oberbergischen Kreis tragfähig sein könnte. So wurde u.a. eine erste Stärken- und Schwächenanalyse sowie weitere Marktforschungsinstrumente genutzt, um den Gegenstand der Gründung (im konkreten Fall der Gründung eines Betreuungsbüros) zu konkretisieren. Es zeigte sich, dass speziell der Bereich der Berufsbetreuungen im Oberbergischen Kreis eine hohe Nachfrage verzeichnet und es hier einen Bedarf an Fachkräften gibt, sodass eine weitere Fokussierung auf die Gründung im Bereich sozialer Dienstleistungen in der Studienarbeit und der Bachelor-Thesis als sinnvoll erachtet werden konnten. Im Gegensatz zur Projektstudienarbeit hat die Studienarbeit nicht die geplante Dienstleistung der Selbständigkeit und deren Bewertung hinsichtlich wirtschaftlicher Verwertbarkeit in den Vordergrund gestellt, sondern im Rahmen einer Sekundäranalyse von ausgewählten Studien erste Erkenntnisse zu Existenzgründungen in Deutschland, im internationalen Vergleich sowie eine Abgrenzung und Unterscheidung verschiedener Gründungsformen vorgenommen.

Zum Thema Existenzgründung gibt es zahlreiche Publikationen, von der Bachelorarbeit angefangen bis hin zu umfassenden Dissertationen oder ganzen Studienreihen. Nicht jede dieser Auswertungen kann jedoch in der Bachelor-Thesis genutzt werden. Allgemeingültige Aussagen alleine werden immer zu unspezifisch sein, um den angestrebten Gründungstyp passend zu beschreiben und durch Auswertung von Existenzgründungsstudien Aussagen zu fördernden und hemmenden Faktoren in der Startphase einer Existenzgründung treffen zu können. Sie können nur zur ersten Verortung von Existenzgründungsformen in Deutschland einen ersten Einblick geben, müssen dann aber spezifiziert werden, da sie sonst keine auf den Forschungsgegenstand zutreffenden Aussagen treffen können, da sie in allgemeinen Aussagen verhaften. So werden z.B. auch Existenzgründungsstudien im Bereich der Social Media andere zu verkaufende Produkte in den Fokus stellen, Existenzgründungsstudien im Bereich der Wirtschaft nicht den Aspekt der sozialen Dienstleistungen im Fokus haben oder Existenzgründungsformen, die einen großen Anfangsinvest benötigen, sich ganz andere Fragestellungen stellen, als eine Gründungsform, die aus einer Nebentätigkeit heraus entsteht. In der Studienarbeit wurde somit auch ein Versuch einer Studienvorauswahl sowie einer ersten Klärung des Forschungsgegenstandes getroffen. Mit Hilfe der festgelegten Kriterien des Forschungsgegenstandes wurden Studien ausgewählt, die übertragbare Aussagen treffen können und sich somit für eine Sekundäranalyse in der Bachelor-Thesis eignen. Der Forschungsgegenstand wurde eingegrenzt auf den Typus des Solo-Gründers im Nebengewerbe, der im Bereich der sozialen Dienstleistungen mit dem Ziel der späteren Haupterwerbstätigkeit durch Existenzgründung gründen möchte. Somit kann im letzten Schritt durch die Bachelor-Thesis eine vertiefende Auswertung verschiedener Studien erfolgen, die den spezifischen Typus der Teilzeitgründung als Einzelperson in den Fokus nehmen. In der Studienarbeit kristallisierten sich vor allem fördernde und hemmende Faktoren in Form einer Oberkategorie heraus. So scheint laut ersten Ausarbeitungen der Studienarbeit der Existenzgründer in Vollzeit mit Angestellten finanziell erfolgreicher zu sein, als der Gründer im Nebengewerbe, der als sogenannter Solo-Gründer ein Geschäft aufbaut. Da die Gründung im Bereich der sozialen Dienstleistung Kunden jedoch nicht über die gleiche Ansprache wie in der Privatwirtschaft erreichen kann und zum Aufbau eines Kundenstamms voraussichtlich einen längeren Zeitraum benötigt, ist die Gründung im Nebengewerbe als erste Arbeitshypothese als sinnvoll anzusehen. Da die Nebenerwerbsgründungen in Deutschland einen großen Raum einnehmen, wird die Bachelor-Thesis sich speziell auf diesen Bereich stützen. Die Studienarbeit konnte auch herausarbeiten, dass es zwei zentrale Punkte gibt, die sich hemmend auf eine Gründung auswirken können:

1. Die Angst vor dem eigenen Scheitern, die sogar eine Gründung verhindern kann sowie

2. Unwirtschaftliches Handeln und fehlende Vorbereitung der Gründung, die sich durch finanziell schlechte bis desaströse Verhältnisse bei Großteilen von Gründern im Nebenerwerb zeigen.[2]

Wie diese zentralen Punkte näher betrachtet und ihre Auswirkungen beschrieben werden können, wird im folgenden Punkt näher erläutert.

1.2 Zielsetzung

Durch stetigen Erkenntnisgewinn im Rahmen des Studiums musste die Fragestellung eingegrenzt und abgeändert werden. Die Bachelor-Thesis bezieht sich aus diesem Grund nun zum einen nicht auf den eingeschränkten Bereich der Berufsbetreuung, sondern Gründungsprozesse im Bereich ambulanter Betreuungsangebote

---

[2] Vgl. Grützmacher, Christoph: Identifizierung von fördernden und hemmenden Einflussfaktoren bei der Gründung im Bereich (sozialer) Dienstleistungen im Nebenerwerb: Studienarbeit, S. 34 f.

sowie weit gefasst sozialen Dienstleistungen im Allgemeinen, da es für den gesonderten Bereich der Berufsbetreuungen wenig Studienmaterial gibt. So zielt die Bachelor-Thesis nun darauf ab, Handlungsempfehlungen für den „gelingenden Gründungsprozess" in dem Segment sozialer Dienstleistungen zu geben. Die im vorherigen Punkt erläuterten Faktoren (Angst vor dem Scheitern und unwirtschaftliche/fehlende oder unvollständige Marktanalyse- und Existenzgründungsplanung), die sich in der Studienarbeit schon als relevant herausgestellt haben, werden in der Bachelor-Thesis nicht nur vertieft bearbeitet. Vielmehr wird darüber hinaus für beide Punkte versucht, Handlungsempfehlungen zum Abbau hemmender Faktoren abzuleiten, die möglichst allgemeingültig für den definierten Gründungstypus gelten können. Als Arbeitshypothese wird ebenfalls weiterhin davon ausgegangen, dass es allgemein fördernde und hemmende Faktoren für ein Gründungsvorhaben im sozialen Dienstleistungsbereich aus der Anstellung heraus gibt, die durch Auswertung geeigneter Studien herausgearbeitet werden können. Neben diesen allgemeingültigen Aussagen, die durch Auswertung von Gründungsstudien zusammengefasst werden können, müssen jedoch auch individuelle Faktoren berücksichtigt werden. Diese wurden zum Teil, insbesondere bezogen auf die Wirtschaftlichkeit der Dienstleistungsidee, im Rahmen der Projektstudienarbeit betrachtet. Abgeändertes Ziel für die vorliegende Bachelor-Thesis ist es nun, eine zum Großteil übertragbare Grundlage zu erarbeiten, die allgemeingültige Aussagen aufgrund von Sekundäranalyse treffen kann, ebenfalls aber aufzeigt, wie eine individuelle Betrachtung von spezifischen Gründungsideen erfolgen müsste, um voraussichtlich eher erfolgreich sein zu können.

1.3 Vorgehensweise

Gemäß der Abbildung 1 ist das Ziel, im Rahmen der vorliegenden Bachelor-Thesis eine wissenschaftliche Erst-Analyse im Vorfeld ausgewählter Studien zur Existenzgründung zu hemmenden und fördernden Faktoren durchzuführen. Diese hemmenden und fördernden Faktoren, die für eine bestimmte Gründungsform gelten, die ebenfalls in dieser Studienarbeit festgelegt und definiert wird, werden dann im Rahmen der Bachelorarbeit näher betrachtet und ausgewertet.

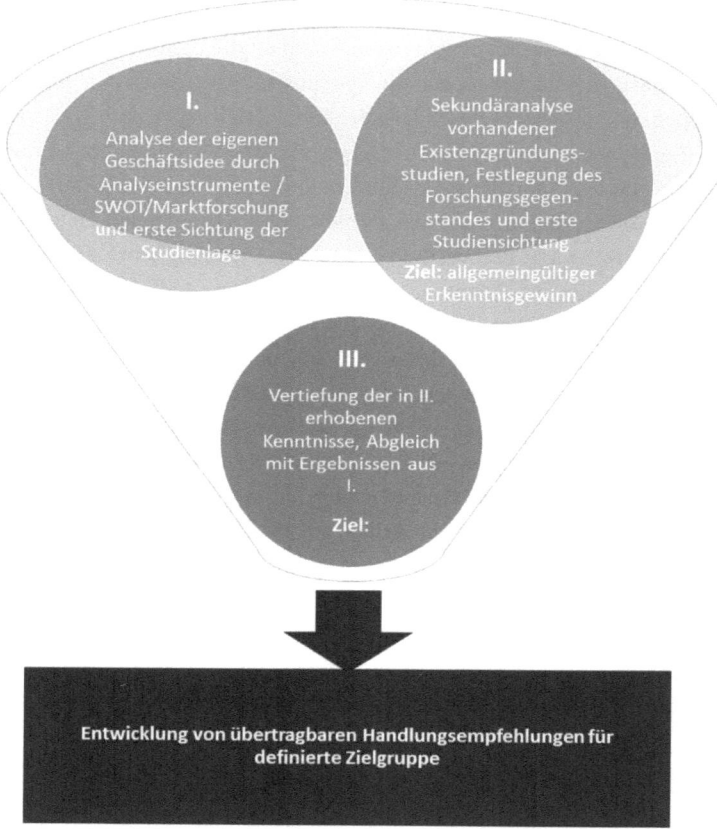

Abbildung 1: Arbeitsschritte zur Erarbeitung von Handlungsempfehlungen für den Gründungsverlauf

Quelle: Eigene Darstellung

Im Folgenden wird kurz die Gründungssituation in Deutschland und im internationalen Vergleich skizziert, ebenfalls werden unterschiedliche Gründungsformen dargestellt und miteinander verglichen. Da eine Fokussierung auf die Gründung im Nebenerwerb im Bereich der sozialen Dienstleistungen als Solo-Unternehmer erfolgen soll, wird ebenfalls eine kurze Definition als Arbeitsgrundlage festgelegt. In weiteren Schritten ist die leitende Fragestellung die Frage nach der Verringerung des Gründungsrisikos durch die Wahl der Gründungsform des Nebenerwerbs sowie eine mögliche Bearbeitung von als Risiken definierten hemmenden Hauptfaktoren:

1. Die Angst vor dem eigenen Scheitern, die sogar eine Gründung verhindern kann sowie

2. Unwirtschaftliches Handeln und fehlende Vorbereitung der Gründung, die sich durch finanziell schlechte bis desaströse Verhältnisse bei Großteilen von Gründern im Nebenerwerb zeigen.

In der Projektstudienarbeit und in der Studienarbeit wurde von der Arbeitshypothese ausgegangen, dass eine Gründung als Einzelunternehmer im Bereich der sozialen Dienstleistungen in Form einer Nebenerwerbsgründung eigentlich aufgrund der niedrigen einzusetzenden finanziellen Mittel und (in Teilen) anhaltender Absicherung durch Teilzeit-Gehalt und Absicherung der Sozialversicherungsbeiträge zu Beginn der Gründung weniger risikoreich sein müsste, als eine mit z.B. Gründerdarlehen vorfinanzierte Existenzgründung. In der Studienarbeit zeigte sich jedoch, dass ein Großteil weder den Start in das Hauptgewerbe aktiv plante, noch ein finanzieller Vorteil gegenüber Angestellten bei einem Großteil der Selbständigen bestand. Im Gegenteil zu der Annahme verdiente ein Großteil sogar weniger als Festangestellte in vergleichbarer Position und Tätigkeiten. Da das Gründungskapital speziell im Bereich der sozialen Dienstleistungen als eher gering anzusehen ist und besonders Gründer im Nebenerwerb eher gründen, wenn sie dies aus eigenen finanziellen Mitteln bestreiten können, kann dies nicht der Hauptgrund sein. Die Arbeitshypothese in der Bachelor-Thesis wird insofern abgeändert, dass diese Erkenntnisse in Kombination mit der Angst vor dem Scheitern Hinweise zu liefern scheinen, dass eine im Vorfeld nicht durchdachte Existenzgründung, eventuell gepaart mit einer nicht vorhandenen Unternehmerpersönlichkeit das Unterfangen einer Existenzgründung scheitern lassen können.[3] Schon bevor es zur Gründung kommt, brechen einige Gründungsinteressierte ihr Gründungsvorhaben ab. Dies scheint insbesondere in Deutschland weit verbreitet zu sein, wie im Vorfeld im Rahmen der Studienarbeit mit Blick auf internationale Vergleiche deutlich wurde. Hier lag Deutschland nicht nur im europaweiten, sondern auch im insgesamten Ländervergleich im Ranking der „Gründungsmutigen" auf einem der hintersten Ränge. Weitere Gründer gründen zwar, haben jedoch große Existenzängste, die sich möglicherweise ebenfalls auf Gründungsart, -form und das unternehmerische Handeln auswirken können. Da durch den internationalen Vergleich deutlich wurde, dass es sich um Ängste handelt, die in Deutschland besonders stark

---

3   Vgl. ebd.

vorhanden sind, obwohl das Risiko einer Gründung vergleichsweise gering zu sein scheint, wird im Rahmen der Bachelor-Thesis als Arbeitshypothese angenommen, dass vor allem auch psychologische Gründe vorzuliegen scheinen.[4] Die Bachelor-Thesis wird aus diesem Grund ausarbeiten, ob es eine bestimmte Gründungs- oder Unternehmerpersönlichkeit gibt und inwiefern diese bestimmte charakteristische Persönlichkeitsmerkmale aufweisen müsste, sowie ob Persönlichkeitsentwicklungsinstrumente (wie z.B. Gründungscoaching oder Persönlichkeitstraining) bei der Weiterentwicklung solch einer Persönlichkeit in Teilen unterstützend wirken können.

Als zweiter Aspekt wurde in der Studienarbeit eine typische deutsche Angst deutlich, die bis hin zu Existenzängsten gehen kann und teilweise Existenzgründungen schon im Vorfeld scheitern lassen. Neben psychologischen Aspekten können diese Ängste auch finanziell begründet sein, vor allem vor dem Hintergrund, dass Gründungsinteressierte aus dem sozialen Bereich oftmals keine oder wenige betriebswirtschaftlichen Kenntnisse aufweisen. Die Bachelor-Thesis wird ebenfalls klären, wie durch Marktforschung und Analysen vorab eine Marktfähigkeit geklärt werden kann. Des Weiteren wird erarbeitet werden, in welcher Form ein Business Plan zu erstellen ist, welche Bereiche enthalten sein müssen und wie eine Kalkulation erstellt werden müsste, die eine zügige Übertragung von der Nebengründung in eine Hauptgründung zum Ziel hat und marktwirtschaftlich arbeitet, d.h. z.B. Vorsorgeleistungen in die Kalkulation mit einrechnet. In einem weiteren Abschnitt werden außerdem die Möglichkeiten der Gründung unter Nutzung von Fördermöglichkeiten, Gründerdarlehen oder Zuschüssen sowie eine kurze Skizzierung zur Gründung als privatwirtschaftlicher Unternehmer im Vergleich zur Gründung in Form einer gemeinnützigen Rechtsform dargestellt. Diese Ausarbeitungen werden zum einen mit Blick auf das eigene Gründungsvorhaben, sowie übertragen auf die definierte Zielgruppe analysiert. Zielsetzung ist die Erarbeitung von Handlungsempfehlungen, die diese hemmenden Faktoren abschwächen, oder durch gezielten Einsatz von fördernden Instrumenten sie vielleicht sogar zu fördernden Faktoren im Gründungsprozess umwandeln können.

---

[4]   Vgl. ebd.

2 Existenzgründungen in Deutschland

Bevor im Folgenden vertieft eine Studienanalyse erfolgt, werden im Vorfeld kurz die derzeitige Wirtschaftslage, der Arbeitsmarkt sowie statistische Daten zu Existenzgründungen im Allgemeinen skizziert.

Um einen Blick über die derzeitige Situation von Existenzgründern zu geben, bezieht sich die Bachelor-Thesis in diesem Punkt schwerpunktmäßig auf den KfW-Gründungs-monitor 2016 und den Global Entrepreneurship Monitor des Instituts für Arbeits- und Berufsforschung (IAB) sowie der Leibniz Universität. Der Gründungsmonitor der Kreditanstalt für Wiederaufbau (KfW), einer Bank, die staatliche Darlehen sowie Zuschüsse für Privatpersonen ebenso wie für Kommunen und Privatwirtschaft in unterschiedlichen Segmenten zu unterschiedlichen Konditionen gewährt (u.a. Existenz-gründerdarlehen), wird auf Grundlage von 50.000 per Zufall ausgewählten Bürger aus Deutschland ausgewählt. Er umfasst neben Gründungen im Vollerwerb auch Gründungen im Nebenerwerb, freiberufliche sowie gewerbliche Existenzgründungen.

Der Gründungsmonitor ist somit nicht nur wissenschaftlich aussagekräftig und repräsentativ, sondern erhebt branchenunabhängig Daten, sodass er das in Deutschland umfassendste Bild zur derzeitigen Gründungssituation liefert.[5] Laut dem KfW-Existenzgründermonitor 2016 ist die Zahl aller Existenzgründungen im Jahr 2015 deutlich gesunken. So reduzierte sich die Zahl der Existenzgründer insgesamt um 152.000 neue Existenzgründungsvorhaben auf nur noch 763.000 Personen, die eine Gründung planten und durchführten. Dies stellt einen deutlichen Rückgang von minus 17 Prozent dar. Diese Tendenz zeigt auch die Graphik auf der nächsten Seite.

---

[5]   Vgl.https://www.kfw.de/PDF/Download-Center/Konzernthemen/Research/PDF-Dokumente-Gr%C3%BCndungsmonitor/Gr%C3%BCndungsmonitor-2016.pdf, S.1 (Stand 04.05.2017)

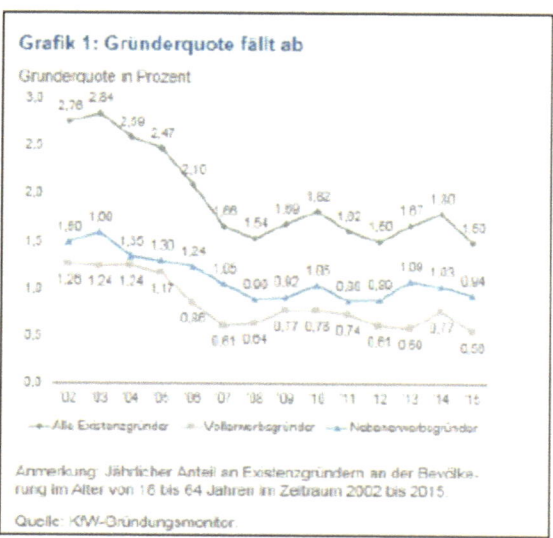

Abbildung 2: Fallende Gründerzahlen
Quelle: KfW Gründungsmonitor 2016

Da der Gründungsmonitor alle Gründungsformen umfasst, wird ein Blick auf unterschiedliche Gründungsmotivationen notwendig. Hier wird deutlich, dass der Rückgang sich besonders stark bei den sogenannten Notgründern bemerkbar machte. Hier ist der stärkste Rückgang an Gründungen zu verzeichnen, die Zahl der Personen, die aus monetärer Notlage und z.B. Langzeitarbeitslosigkeit heraus eine Existenzgründung als Ausweg aus der Krise wählten, sank um insgesamt 28 Prozent auf 207.000 Personen.

Eine Erklärung für dieses Ergebnis ist unter anderem in der deutlich verbesserten Arbeitsmarktlage zu finden. Ein möglicher Grund für die in der Vergangenheit sehr hohen sogenannten Notgründungen waren jedoch auch Staatliche Anreizprogramme, die sukzessive zurückgenommen wurden, als die Wirtschaft sich nach der Wirtschaftskrise und hoher Arbeitslosigkeit wieder erholte. So gab es in Zeiten hoher Arbeitslosigkeit noch höhere Anschubfinanzierungen für Existenzgründungen, z.B. in der vielfach noch bekannten Form der sogenannten Ich-AG. Diese Anschubprogramme wurden jedoch, auch aufgrund der sich stetig verbessernden wirtschaftlichen Lage, weiter zurück ge-fahren, sodass die Verringerung um 28 Prozent als Zeichen einer gut funktionierenden Wirtschaft gedeutet werden könnte, in der nun insbesondere im Zuge des Fachkräftemangels wieder adäquate Arbeitsplätze zur Verfügung stehen. Inwiefern dieser Trend dauerhaft anhält, muss abgewartet werden.

So betont z.B. die Bundesagentur für Arbeit (BA) in ihrer Fachkräfteengpassanalyse für das Jahr 2017, dass

> "Trotz stark gestiegener Vakanz-Zeit und einer knapper gewordenen Arbeitslosen-Stellen-Relation von einem flächendeckenden Fachkräftemangel in Deutschland nicht ausgegangen werden kann".[6]

Sie verweist darauf, dass- wie schon in den Vorjahren - Engpässe vor allem branchenbezogen aufgetreten sind, vorrangig betroffen sind hier die technischen Berufe sowie der Bereich Gesundheit und Pflege. Aufgrund starker Expansion in der Baubranche zeichnen sich hier ähnliche Trends ab. Vakanzen können insgesamt (Helferberufe ausgenommen) mittlerweile erst nach 100 Tagen besetzt werden, dies stellt einen Anstieg von 10 Tagen zum Vorjahr dar.[7] Existenzgründungen zur Verhinderung von Langzeitarbeitslosigkeit weisen aufgrund anderer Alternativen, die sich aus einer guten Arbeitsmarktlage ergeben, noch einen anhaltenden Abwärtstrend auf. Hier ist abzuwarten, wie sich die Zahlen darstellen, wenn eine von der BA prognostizierte Entspannung der Fachkräfteengpässe aufgrund gestiegener Studienzahlen einsetzt.[8] Auch die folgende Tabelle verdeutlicht, dass eine Gründung nicht mehr aus einer Notlage heraus, sondern vielmehr als attraktive wirtschaftliche Chance und Alternative zur Festanstellung im sozialversicherungspflichtigen Verhältnis angesehen wird.

---

[6]   https://statistik.arbeitsagentur.de/Statischer-Content/Arbeitsmarktberichte/Fachkraeftebedarf-Stellen/Fachkraefte/BA-FK-Engpassanalyse-2017-06.pdf, S. 6 (Stand 16.07.2017)

[7]   vgl. ebd.

[8]   vgl. ebd.

Tabelle 1: Gründerzahl fällt unter Tief aus 2012

Anzahl Existenzgründer in Tausend

	2012	2013	2014	2015
Insgesamt	777	868	915	763
Vollerwerbsgründer	317	306	393	284
Nebenerwerbsgründer	460	562	522	479
Chancengründer	361	463	441	377
Notgründer	236	259	288	207
Novilätsgründer	63	92	66	50
Innovative Gründer			92	05
Digitale Gründer	-	-	-	160
Regionalgründer	-	-	-	458
Weltmarktgründer	-	-	-	74

Quelle: KfW-Gründungsmonitor.

Tabelle 1: Gründungszahlen sinken weiter
Quelle: Kfw Gründungsmonitor 2016

Die Tabelle zeigt den derzeit anhaltenden Gegentrend zu den z.B. damals für den Abbau der Arbeitslosigkeit geförderten Ich-AGs. Gründe der rückläufigen Gründung und insbesondere der rückläufigen Notgründen können in der guten Arbeitsmarktsituation gesucht werden. Der Stellenindex der BA bestätigt diesen Trend, die gute Konjunktur zeigt deutliche Auswirkungen auf den Stellenmarkt in Deutschland. Der Stellenindex der BA gilt als Indikator für die Nachfrage nach Arbeitskräften in Deutschland. Mit Blick auf den Mai 2015 lässt sich feststellen, dass er im Vergleich vom Wert des Vorjahres (163) um 25 Punkte einen deutlichen Zuwachs verzeichnete und auf insgesamt 187 Punkte angestiegen ist. Dies zeigt, dass die Arbeitskräftenachfrage ebenso wie das Wachstum weiterhin ansteigt. Dies zeigt sich auch in einem hohen Wert an sozialversicherungspflichtiger Beschäftigung.

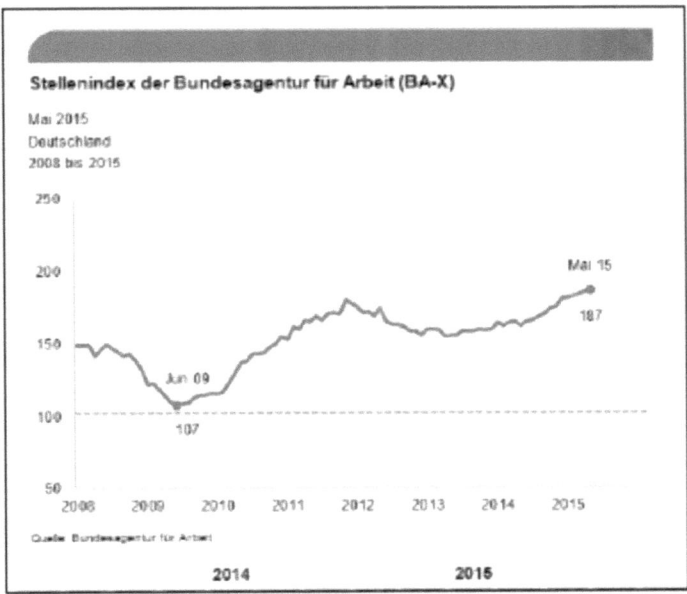

Abbildung 3: Stellenindex der Bundesagentur für Arbeit 2015
Quelle: Bundesagentur für Arbeit

Verkürzt lässt sich sagen, dass zurzeit Gründungen im Bereich der Voll-und Not-gründungen sinken, im Bereich der Nebenerwerbsgründungen und der Chancen-gründungen jedoch leicht zunehmen. Eine besondere Form ansteigender Grün-dungsformen sind die Digitalen Gründer. In Deutschland scheint außerdem regio-nal vor international zu gelten, so stehen 74.000 sogenannte Weltmarktgründer 458.000 regionalen Gründern gegenüber.[9]

2.1 Gründungen in Deutschland im internationalen Vergleich

Ein internationaler Vergleich von Existenzgründungen ist nur eingeschränkt mög-lich. So fehlt laut Bersch et.al. in der Econtor-Studie[10] eine einheitliche Datenbasis, die einen internationalen Vergleich mit gleichen Kriterien ermöglicht. Erstmalig

---

[9] Vgl. https://www.kfw.de/PDF/Download-Center/Konzernthemen/Research/PDF-Doku-mente-Gr%C3%BCndungsmonitor/Gr%C3%BCndungsmonitor-2016.pdf, S.3 (Stand 18.07.2017)

[10] https://www.econstor.eu/bitstream/10419/156631/1/StuDIS_2016-03.pdf, S. 34 ff. (Stand 20.07.2017)

wurde der Versuch für die EU-Mitgliedsstaaten im Jahr 2002 gestartet. Eurostat versuchte damals erstmalig, nationale Daten zu Unternehmensbeständen sowie Veränderungen in Form von Gründungen und Schließungen in einer Studie zusammen zu führen. Die dadurch entstandene „Business Demography Statistics" (Unternehmensdemographiestatistik - UDS, Eurostat 2004) liefert Daten für den Zeitraum 1998 bis 2013. Trotzdem sind laut Econstor die Daten der einzelnen Länder nur eingeschränkt miteinander vergleichbar. So ist zum einen nicht klar definiert, was genau ein Unternehmen ist, es weichen Auffassungen länderspezifisch ab und es können bei unterschiedlichen Formen wie Personengesellschaften, Einzelkaufleuten, freien Berufen, Selbstständigen usw. unterschiedliche Kriterien angesetzt werden. Ebenfalls gibt es unterschiedliche Mindestwerte an umsatzsteuerpflichtigem Umsatz unterhalb dessen Unternehmen nicht berücksichtigt werden. Auch hieraus können Unterschiede entstehen. Ebenso ist zu berücksichtigen, dass Anreizprogramme die Gründungsmotivation ebenfalls beeinflussen können und somit Ländervergleiche zu Gründungsdynamiken verzerren können. Seit 2010 liefert auch Deutschland umfassendere Daten zu Gründungen, Schließungen und wirtschaftsaktiven Unternehmen, die Werte wurden von der Unternehmensdemographiestatistik (UDS) des Statistischen Bundesamtes entnommen, wobei das Studiendesign nicht veröffentlicht wurde. Telefonische Nachfragen von Econstor ergaben jedoch, dass die UDS Unternehmen ab einem besteuerbaren Umsatz von 17.500 € oder mit wenigstens einem sozialversicherungspflichtigem Beschäftigten zählt. Hier könnten Teilzeitgründer im Nebenerwerb in den ersten Monaten unter Umständen nicht mitgezählt werden. Zu beachten ist auch, dass bestimmte Branchen wir Land- und Forstwirtschaft, aber auch Erziehung und Unterricht, Gesundheits- und Sozialwesen, Kunst, Unterhaltung und Erholung sowie Erbringung von sonstigen Dienstleistungen aus den Analysen ausgeschlossen werden, da nicht alle Länder hierfür Angaben liefern.[11] Dies bedeutet, dass ein internationaler Vergleich an dieser Stelle nur für Gründungen insgesamt Sinn macht. Für die Branche der sozialen Dienstleistungen gibt es international keine ausreichende Datenlage, die langfristige Ländervergleiche valide darstellen könnte. Bezogen auf die im UDS erhobenen Branchengruppen Handel, konsumnahe Dienstleistungen, sonstige unternehmensnahe Dienstleistungen und dem Baugewerbe sowie der forschungsintensiven Industrie und wissensintensiven Dienstleistungen, dem Verkehr und Hochtechnologien zeigt sich, dass die meisten Länder eine ähnliche Zusammensetzung

---

[11] Vgl. ebd.

der Branchen und ein ähnliches Muster aufweisen. So wurden zwischen 61 und 76 % der Unternehmen im Jahr 2013 in den Branchengruppen Handel, konsumnahe Dienstleistungen, sonstige unternehmensnahe Dienstleistungen und dem Baugewerbe neu aufgebaut.[12] Weitere Anhaltspunkte zu Gründungen im internationalen Vergleich liefern die Zahlen der Gründungsraten, die bezogen auf den vorherrschenden Unternehmensbestand betrachtet werden, da sich hier die unterschiedlichen Definitionen von Unternehmen weniger auswirken. So hatte Großbritannien 2013 die höchste Gründungsrate bei allen Wirtschaftszweigen. Ebenfalls hohe Ergebnisse wiesen Polen, Dänemark und die Niederlange auf. Deutschland kam nach dieser Betrachtung nur auf 5 Prozent und findet sich somit unter den Ländern mit der niedrigsten Gründungsrate, nur Belgien lag mit 4 Prozent noch darunter. Ähnlich niedrig ist ebenfalls Finnland mit 6 Prozent[13].

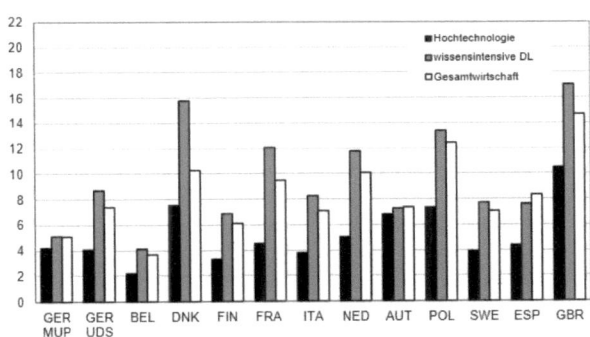

Anzahl der Gründungen in % des Unternehmensbestandes. Ohne Gründungsraten für die Schweiz, da für die Schweiz keine Angaben zum Unternehmensbestand verfügbar sind.

Quelle: Business Demography Statistics (Eurostat) – Mannheimer Unternehmenspanel (ZEW) – Berechnungen des ZEW

Abbildung 4 Anzahl der Gründungen im Ländervergleich
Quelle: Eurostat

Mögliche Gründe zeigen Econstor aufgrund sogenannter Doing Business-Daten auf. Diese Daten enthalten

„Informationen zu Regulierungsvorschriften in verschiedenen Ländern, die das Errichten und Betreiben von Unternehmen betreffen. Ziel des Doing Business-Projektes ist es, Indikatoren zu entwickeln, die das Ausmaß und die Kosten von Gesetzen und

---

12   Vgl. https://www.econstor.eu/bitstream/10419/156631/1/StuDIS_2016-03.pdf, S. 37 ff. (Stand 20.07.2017)
13   Vgl. ebd.

Vorschriften, die Unternehmen zu beachten haben, in den einzelnen Länder beschreiben, diese Indikatoren zwischen den Ländern zu vergleichen und das Ausmaß
der Regulierung gemessen durch die Indikatoren in Beziehung zu Wachstum und
Wohlstand zu setzen."

Diese Daten werden seit dem Jahr 2002 von der Weltbank erhoben und liefern Erkenntnisse zu Regulierungen für Unternehmen u.a. in der Phase der Existenzgründung. Als ein Beispiel nennt Econstor die Anzahl der rechtlichen Schritte bei der
Gründung eines Unternehmens. Hierzu werden alle notwendigen Interaktionen
mit offiziellen Stellen gezählt (Wirtschaftsprüfer, Gewerbeamt, Notare usw.). Diese
Zahl ist in Deutschland seit 2004 konstant, neun Schritte sind notwendig, um ein
Unternehmen zu eröffnen. Hiermit findet sich Deutschland auf Platz 7 der betrachteten Länder, Österreich benötigt 6, während China 11 Schritte benötigt. Verglichen
wird Deutschland auch mit den sogenannten BRICS- Staaten. Dieser Begriff ist

„ein Sammelbegriff für eine Gruppe von 5 ökonomisch (und politisch) aufstrebenden
Staaten und Wachstumsmärkten (engl. »emerging powers«); der Begriff ist gebildet
aus den Anfangsbuchstaben der Länder Brasilien, Russland, Indien, China und (seit
2010) Südafrika. Die Abkürzung BRIC (zunächst ohne S) wurde 2001 von Jim O'Neill,
Chefvolkswirt der Investmentbank Goldman Sachs, geprägt, um die (ökonomische)
Machtverschiebung von den westlichen Industrieländern (sog. G-7-Staaten) hin zu
den wirtschaftlich boomenden Schwellenländern (v. a. China) zu beschreiben."[14]

Grundsätzlich sind in den sogenannten BRICS-Staaten die meisten Schritte für eine
Unternehmensgründung notwendig und Gründungen sind hier besonders aufwän-
dig und langwierig, in den USA/Kanada sind die geringsten Schritte notwendig und
es ist von einem unkomplizierterem und schnellerem Verfahren auszugehen (Kanada: 1 Interaktion/ Indien: 13 Interaktionen).

---

[14] http://www.bpb.de/nachschlagen/lexika/176724/brics-staaten (Stand 20.07.2017)

Die Graphik verdeutlicht dies:

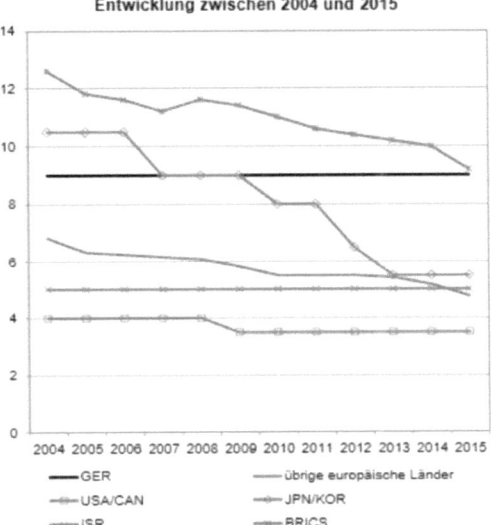

Abbildung 5: Notwendige Schritte bis zur Unternehmensgründung im Ländervergleich
Quelle: Business Demography Statistics (Eurostat) – Mannheimer Unternehmenspanel
(ZEW) – Berechnungen des ZEW

Eine Begründung könnte sein, dass Deutschland im Vergleich zu den meisten übrigen europäischen Ländern weniger stark auf Entbürokratisierungsprozesse gesetzt hat, da es 2008 im europäischen Durchschnitt lag, andere europäische Länder die bürokratischen Hürden aber sukzessive abzubauen scheinen. Ein weiterer Indikator ist die Gesamtzahl notwendiger Tage für die Gründung eines Unternehmens, auch hier dauert es in Deutschland drei Wochen und Deutschland liegt mit diesem Wert im unteren Mittelfeld.

In Belgien, Korea und den Niederlangen sowie den USA ist eine Gründung mit jeweils vier Tagen am schnellsten durchzuführen[15], wie die Graphik zeigt:

---

15 Vgl.https://www.econstor.eu/bitstream/10419/156631/1/StuDIS_2016-03.pdf, S. 47 ff.
(Stand 24.07.2017)

2015

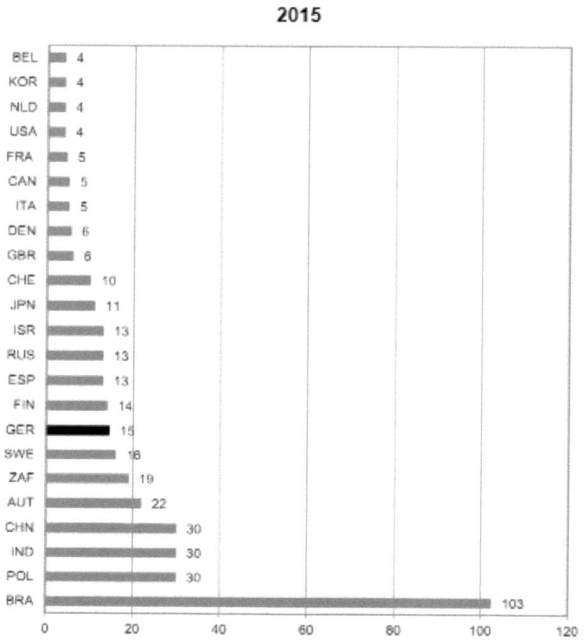

Quelle: Doing Business (Weltbank) – Darstellung des ZEW.

Abbildung 6: Anzahl der Tage bis zur Unternehmensgründung

Ein weiterer Indikator stellt die Identifizierung der Kosten für die Einrichtung eines Unternehmens dar, dieser Indikator enthält auch Gebühren zur Unternehmensregistrierung, rechtliche durchschnittliche Beratungsleistungen usw., die gesetzlich vorgeschrieben sind. Zur Vergleichbarkeit wird dieser Indikator durch die Weltbank in Prozent des Pro-Kopf-Einkommens des Landes erhoben. Auch hier zeigt sich, dass eine Gründung in Deutschland mit hohen Kosten verbunden ist.

Die Kosten liegen bei 8,8 Prozent des Pro-Kopf-Einkommens. Somit sind nur in Polen und Italien innerhalb der EU und Korea und Indien im weltweiten Vergleich der betrachteten Länder Unternehmensgründungen teurer als in Deutschland.[16] Dies verdeutlicht folgende Abbildung:

---

[16]   Vgl. https://www.econstor.eu/bitstream/10419/156631/1/StuDIS_2016-03.pdf, S. 48 ff.

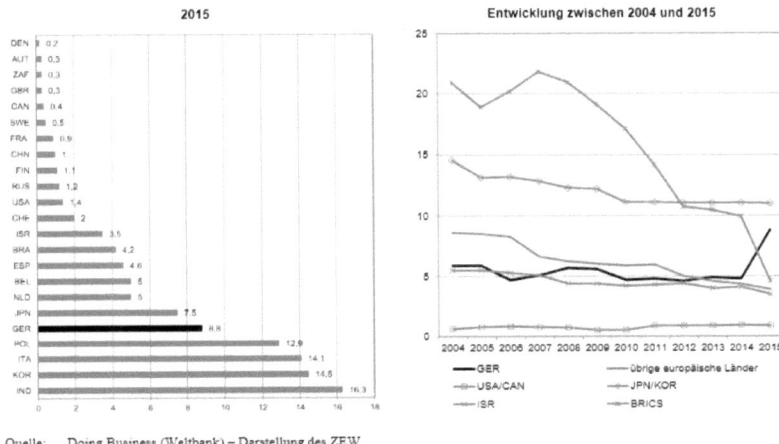

Quelle: Doing Business (Weltbank) – Darstellung des ZEW.

Abbildung 7: Kosten in Relation zum Pro-Kopf Einkommen im Ländervergleich

Das dieser Trend nicht abgebaut wird, sondern vielmehr in 2014 noch einmal stark anstieg, zeigt die rechte Abbildung. Dieser Anstieg ist laut der Weltbank durch das Kostenrechtsmodernisierungsgesetz vom 29.07.2013 zurückzuführen, sodass der Trend eher steigend, als abfallend sein wird.[17] Diese und weitere Indikatoren zeigen auf, dass Gründungen in Deutschland mit vielen, oftmals bürokratischen Hürden verbunden sind. Um diese Hürden zu visualisieren, berechnet die Weltbank aus Einzelindikatoren ihrer unterschiedlichen Regulierungskategorien wie z.B. den Tagen bis zur Gründung ein Gesamtranking. Hierfür werden die Ausprägungen eines Indikators in einem Land zum Vergleich mit den anderen ausgewerteten Ländern gesetzt und es wird ein Mittelwert gebildet. Dies geschieht für insgesamt 189 Länder, die Weltbank nennt das daraus entstehende Ranking das „Starting a Business Ranking"[18] Es verwundert nicht, dass Deutschland in einem Ranking von 189 Ländern nur auf Platz 114 landen kann:

---

17   Vgl. ebd.
18   Vgl. https://www.econstor.eu/bitstream/10419/156631/1/StuDIS_2016-03.pdf, S. 50 ff.

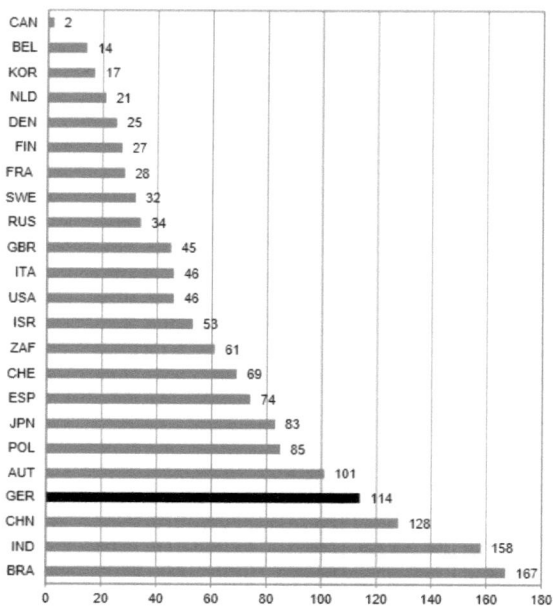

Abbildung 8: Starting a Business Ranking
Quelle: Doing Business (Weltbank) – Darstellung ZEW.

Diese Ergebnisse sieht auch die Studie Unternehmertum: Schlüssel zum Wohlstand[19] als alarmierendes Zeichen an.

Sie verdeutlicht, dass Deutschland nicht zu den Gründer-Nationen gezählt werden kann. Grundsätzlich ist festzuhalten, dass wenn gegründet wird, Gründer meist männlich sind und wenig Innovationsgründungen erfolgen. Da die Volkswirtschaft der Bundesrepublik Deutschland sich jedoch insgesamt mehr in Richtung Dienstleistungsbereich orientiert, spiegeln diese Zahlen auch den allgemeinen Strukturwandel in Deutschland. Auch wenn Innovationen für den Wirtschaftsfaktor Deutschland eine große Bedeutung einnehmen, sind die meisten der im Dienstleistungsbereich aufgebauten Gründungen jedoch Angebote, die schon erprobte

---

[19]   Vgl.https://www.google.de/url?sa=t&rct=j&q=&esrc=s&source=web&cd=2&ved=
   0ahUKEwi77pj1zfzVAhUFOhQKHSmLD-
   CUQFggsMAE&url=https%3A%2F%2Fwww.dihk.de%2Fressourcen%2Fdown-
   loads%2Fstudie-unternehmertum-
   wohlstand&usg=AFQjCNGzRIJ1otEzDyyR_2LD9bkXgv33cg , S. 56 f. (Stand 24.07.2017)

Konzepte umsetzen. Nur 16 Prozent der Gründungen weisen eine innovative Neuheit oder neue Dienstleistung auf, wobei hier die regionale Marktneuheit mit 9 Prozent den größten Anteil einnimmt, wie auch die folgende Graphik verdeutlicht:[20]

Abbildung 9: Innovationsgehalt bei Gründungen in Deutschland
Quelle: KfW

Betrachtet man nicht nur die Art der Gründungen, sondern möchte auch einen Überblick über Gründe für die Unternehmensgründungen im internationalen Vergleich erhalten, gibt der Global Entrepreneurship Monitor des Instituts für Arbeitsmarkt- und Berufsforschung sowie der Leibniz Universität Hannover Auskunft. Der Global Entrepreneurship Monitor (GEM) kann über die Internetseite http://gem-consortium.org/ eingesehen werden. Der GEM ist laut eigenen Angaben die umfangreichste Langzeitstudie im Bereich der Existenzgründungen und umfasst Daten von über 18 Jahren, die aus über 200.000 Interviews pro Jahr in über 100 Ländern erhoben werden. Schwerpunkte der GEM-Studie sind zum einen das

---

[20] Vgl. https://www.bmwi.de/Redaktion/DE/Publikationen/Mittelstand/
unternehmensgruendungen-und-gruendergeist-in-deutschland.pdf?__blob=publication-
File&v=20, S.8. (Stand 20.07.2017)

Gründungsverhalten von Individuen und der Blick auf länderspezifische Unterschiede.[21] Aus diesem Grund scheint der GEM eine aufschlussreiche Datenlage zu bieten. Im Folgenden wird jedoch nicht auf den GEM direkt, sondern auf den deutschen Länderbericht verwiesen, der vom Institut für Arbeitsmarkt- und Berufsforschung (IAB) und der Leibniz-Universität erstellt wird.[22]

Die Gründe sind bei den Unternehmensgründungen in Deutschland laut IAB weniger in dem Bereich der monetären Anreize, als vielmehr im Wunsch nach größerer Unabhängigkeit zu suchen. So nennen im Global Entrepreneurship Monitor 2015 insgesamt 39 Prozent der Befragten die größere Unabhängigkeit im Arbeitsleben als wichtigstes Gründungsmotiv und scheinen sich von Führungskräften und/oder dem Arbeitgeber unabhängig machen zu wollen. Weitere 27 Prozent geben an zweiter Stelle die Sicherung des bisherigen Einkommens und wiederum weitere 27 Prozent die Erhöhung des bestehenden Einkommens an. Während somit in Deutschland nur gut ein Viertel in erster Linie das eigene Einkommen erhöhen wollen, finden sich in Norwegen, Kanada oder den USA zwischen 35 bis 48 Prozent Zustimmung zu dieser Aussage.[23] Hier scheint die Existenzgründung vorrangig ein Instrument zu sein, um zukünftige Einnahmen signifikant zu erhöhen bzw. monetär „Karriere zu machen". Diese Gründe scheinen in Deutschland weniger ausgeprägt zu sein, hier geht es eher darum, den Standard zu halten und mehr Unabhängigkeit zu erreichen. Da nur ein Viertel besonders die monetären Anreize in Form von höherem Verdienst erwähnt, ist scheint dies nicht der Hauptanreiz in Deutschland zu sein.

Der GEM-Index misst jedoch auch weitere subjektive Einschätzungen wie z.B. die persönliche Einschätzung zu Gründungschancen. Hier ist in den letzten Erhebungsjahren der höchste Wert an positiven Einschätzungen zu verzeichnen, so sehen 38 Prozent der Befragten gute Gründungschancen, dies verdeutlicht auch folgende Graphik des GEM[24]:

---

21 Vgl. http://gemconsortium.org/ (Stand 02.07.2017)

22 https://www.wigeo.uni-hannover.de/fileadmin/wigeo/Geographie/Forschung/ Wirtschaftsgeographie/Forschungsprojekte/laufende/GEM_2015/gem2015.pdf (Stand 18.06.2017), S.15

23 Vgl.ebd.

24 Vgl.https://www.wigeo.uni-hannover.de/fileadmin/wigeo/Geographie/ Forschung/Wirtschaftsgeographie/Forschungsprojekte/laufende/GEM_2015/gem2015.pdf, S. 16 (Stand 05.07.2017)

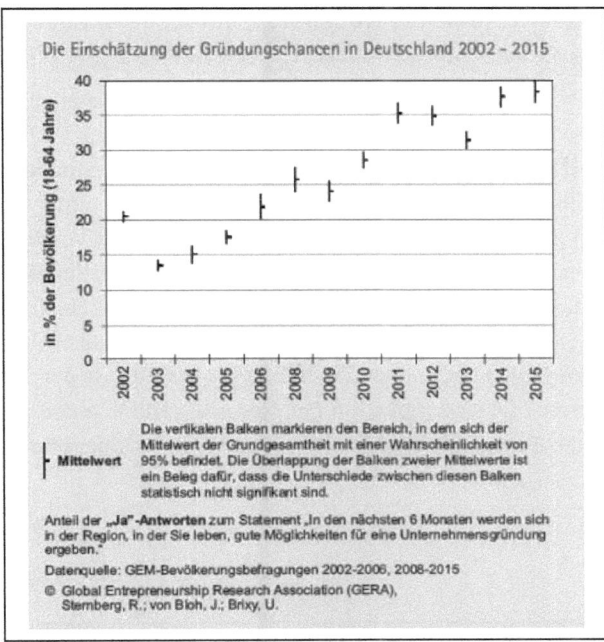

Abbildung 10: Subjektive Einschätzung der Gründungschancen im Zeitraum von 2002-2015
Quelle: GEM

Ebenfalls einen großen Einfluss auf das Angehen oder Unterlassen einer Gründung ist jedoch auch die Einschätzung der eigenen Gründungschancen und die Angst des Scheiterns. Im internationalen Vergleich lässt sich feststellen, dass es gerade in Deutschland eine hohe Angst vor dem Scheitern gibt, die sich auch durch Änderungen im Konkursrecht sowie ausgeweiteten Förderprogrammen nicht groß verändert hat. So geben gerade einmal 53 Prozent, also etwas mehr als die Hälfte an, dass die Angst vor dem eigenen Scheitern sie nicht vor einer Gründung abhalten würde.[25] Diesen deutschen Negativtrend bestätigt ebenfalls der Amway Global Entrepreneurship Report von 2015.[26] So gehört Deutschland zu einem der wenigen

---

[25] Vgl.https://www.wigeo.uni-hannover.de/fileadmin/wigeo/Geographie/Forschung/ Wirtschaftsgeographie/Forschungsprojekte/laufende/GEM_2015/gem2015.pdf (Stand 05.06.2017) S. 17

[26] Vgl. http://www.amwayentrepreneurshipreport.tum.de/index.php?id=19&L=0 Stand 10.06.2017)

Länder der EU, in denen sich insbesondere jüngere Menschen kaum vorstellen können, sich selbständig zu machen.

Nur jeder Vierte kann sich vorstellen, potentiell ein eigenes Unternehmen zu gründen, im europäischen Vergleich sind es 38 Prozent und weltweit sogar 42 Prozent. Dieser deutsche Wert ist nicht nur innerhalb der EU ein sehr unterdurchschnittlicher, sodass Deutschland mit 31 von 100 Indexpunkten deutlich hinter dem EU-Durchschnitt von 45 zurück bleibt, sondern auch im insgesamten Vergleich aller befragten Länder schafft es Deutschland nur auf Platz 41 von insgesamt 44 befragten Ländern.[27] Das dieser Trend Gefahren für Deutschland als Wirtschaftsstandort beinhaltet, sieht insbesondere die Studie für Unternehmertum und Wohlstand.[28] Sie zeigt Maßnahmen in vier verschiedenen Bereichen auf und ist der Überzeugung, dass hier angesetzt werden muss, um den Negativ-Trend in einen positiven umwandeln zu können. Sie definiert folgende Punkte, an denen angesetzt werden muss[29]:

1. Finanzierung

2. Beratung

3. Ausbildung

4. Risiken

Bezogen auf die Finanzierung betonen van Baal et.al., dass anhand den Ländern Großbritannien und Israel gezeigt werden konnte, dass gute Finanzierungsbedingungen als besonders relevant für hohe Gründungszahlen anzusehen sind. Hier bietet Deutschland Zuschüsse, steuerliche Anreize, Gründercoachings sowie Unterstützung durch den Europäischen Sozialfonds (ESF) oder die Kreditanstalt für Wiederaufbau (KfW), diese werden in einem späteren Abschnitt gesondert vorgestellt. Wichtig hierbei ist jedoch nicht nur das Vorhandensein von Fördermitteln und Unterstützungsleistungen, sondern auch ein niedrigschwelliger Zugang zu diesen Instrumenten. Bezogen auf die Beratung betonen van Baal et.al., dass alleine

---

[27] Vgl. ebd.

[28] Vgl. ebd.https://www.google.de/url?sa=t&rct=j&q=&esrc=s&source=web&cd=2&ved=0ahUKEwi77pj1zfzVAhUFOhQKHSmLDCUQFggsMA-E&url=https%3A%2F%2Fwww.dihk.de%2Fressourcen%2Fdownloads%2Fstudie-unternehmertum-wohlstand&usg=AFQjCNGzRIJ1otEzDyyR_2LD9bkXgv33cg, S. 56 (Stand 20.07.2017)

[29] Vgl. ebd.

aufgrund der Vielzahl an Förderangeboten schon Beratungsbedarf existiert[30]. Die hohen Schritte bis zur Unternehmensgründung zeigen jedoch auch, dass ein hoher bürokratischer Aufwand zu erwarten ist. Hier braucht es zum einen zur Unterstützung bei bürokratischen, aber auch rechtlichen Schwierigkeiten Beratungsunterstützung, z.B. in Form vom Gründercoaching, auf das an späterer Stelle vertieft eingegangen wird. Mit Blick auf die in Deutschland besonders hohe Angst vor dem Scheitern ist jedoch anzudenken, ob diese Beratungsleistungen nicht auch mit psychologischen Coachings flankierend unterstützt werden sollten. Dieser Punkt wird ebenfalls im Folgenden in der Bachelor Thesis diskutiert werden.

Bezogen auf die Ausbildung stellen van Baal et.al. die Forderung, dass Grundlagen für unternehmerisches Handeln schon möglichst früh vermittelt werden sollen. So lautet eine Handlungsempfehlung, Schlüsselkompetenzen für gelingendes Unternehmertum schon im Schulalter zu fördern. Da dies jedoch eine Handlungsempfehlung an Politik darstellt und nicht in der direkten Unterstützung von Gründungsinteressierten mündet, wird dieser Punkt in der Bachelor Thesis nicht weiter vertieft, sollte der Vollständigkeit halber allerdings genannt werden.[31] Zum letzten Punkt, den Risiken, verdeutlichen van Baal et.al., dass in Deutschland in den letzten Jahren schon verstärkt Initiativen gegründet wurden, um Unternehmertum zu fördern. Um Risiken abzumildern, sollten jedoch auch eine verbesserte Abstimmung von Förderprogrammen zur besseren Nutzung erfolgen. Ebenfalls in der Kritik steht das bürokratische Steuersystem und die in Deutschland stark vorhandene Angst vor dem Scheitern und einem damit negativ behafteten Bild. Da diese Punkte ebenfalls nicht von einzelnen beeinflusst werden können, werden sie im Folgenden nicht weiter vertieft. Eine passgenaue Analyse der Existenzgründungsidee sowie Analysen durch Stärken-Schwächen-Analyse, Analyse der Region, in der eine Gründung angestrebt wird sowie dem Finden von Marktlücken und einem realistischen und langfristig erstellten Finanzplan können jedoch insbesondere im konkret auf den Einzelfall bezogenen Gründungsplan Risiken abmildern. Sie sind geeignete Instrumente, um Risiken zu analysieren und eine realistische Gründungsplanung durch Nutzung von Instrumenten z.B. aus dem Bereich der Marktforschung zu erstellen. Aus diesem Grund wird auf diesen Bereich im Folgenden ebenfalls vertieft eingegangen. Es zeigt sich, dass Deutschland zum einen emotional gesehen, nicht den „typischen Gründergeist" aufzeigt und die Angst vor Risiken und Scheitern

---

30 Vgl. ebd.
31 Vgl ebd.

viele Gründungswillige vor einer Gründung abhält. Faktoren wie bürokratischer Aufwand und langwierige Gründungshürden verstärken die subjektiv empfundene Angst vor dem Scheitern und dem Gründungsprozess an sich. Dies zeigt sich im internationalen Vergleich anhand von niedrigen Gründungszahlen. Ebenfalls sehr gering sind sogenannte Innovationsgründungen, diese scheinen sich auf Räume wie Berlin oder Hamburg zu konzentrieren. Eine Verbesserung der Situation kann erfolgen, wenn insbesondere die Punkte „Finanzierung"; „Risiken" und „Beratung" schon vor der Gründungsplanung verstärkt in den Blick genommen werden. Im Folgenden wird die Bachelor Thesis auf Gründungsformen in Deutschland eingehen, um dann auf die spezifische Gründungsform der Teilzeitgründung im Nebenerwerb als Solo-Selbständiger im Bereich der sozialen Dienstleistungen unter Berücksichtigung dieser drei Punkte einzugehen.

2.2 Gründungsformen in Deutschland

Die Gründungszahlen in Deutschland sind rückläufig. Hierbei ist jedoch ein Blick auf unterschiedliche Gründungsformen zu werfen. Besonders deutlich ist ein Rückgang bei den sogenannten Notgründungen zu verzeichnen. Die Zahl der Personen, die aus existenziellen Notlagen als Notgründer eine Existenzgründung anstreben, ist um 28 Prozent auf 207.000 Personen gesunken.[32] Dies kann natürlich an der sich deutlich verbesserten Arbeitsmarktlage und an veränderten Anreizprogrammen liegen. So gab es in Zeiten hoher Arbeitslosigkeit höhere Anschubfinanzierungen für Selbständigkeiten, z.B. in Form der Ich-AGs. Auch die folgende Tabelle zeigt auf, dass eine Gründung nicht mehr aus einer Notlage heraus, sondern vielmehr als attraktive wirtschaftliche Chance und Alternative zur Festanstellung im sozialversicherungspflichtigen Verhältnis angesehen wird. Ebenfalls besonders deutlich zeigt die Tabelle auch, dass Gründungen in Deutschland fast immer einen regionalen Bezug aufweisen, so sind 458.000 Gründer Regionalgründer, dieser Zahl stehen nur 74.000 Weltmarktgründer gegenüber. Ebenfalls deutlich wird, dass die Zahl der Vollerwerbsgründer rückläufig ist, während die Nebenerwerbsgründer insgesamt zwar einen Rückgang von 2014 auf 2015 verzeichnen, seit 2012 aber weiter angestiegen sind.

---

[32] Vgl.https://www.kfw.de/PDF/Download-Center/Konzernthemen/Research/PDF-Dokumente-Gr%C3%BCndungsmonitor/Gr%C3%BCndungsmonitor-2016.pdf (Stand 04.07.2017), S.1

Tabelle 1: Gründerzahl fällt unter Tief aus 2012

Anzahl Existenzgründer in Tausend

	2012	2013	2014	2015
Insgesamt	777	868	915	763
Vollerwerbsgründer	317	306	393	284
Nebenerwerbsgründer	460	562	522	479
Chancengründer	361	463	441	377
Notgründer	236	259	288	207
Novitätsgründer	63	92	66	50
Innovative Gründer	-	-	92	95
Digitale Gründer	-	-	-	160
Regionalgründer	-	-	-	458
Weltmarktgründer	-	-	-	74

Quelle: KfW-Gründungsmonitor

Tabelle 2: Sinkende Gründerzahlen
Quelle: Kfw Gründungsmonitor 2016

2.2.1 Gründungen im Nebenerwerb

Mit Blick auf die sogenannten Nebenerwerbsgründungen lässt sich sagen, dass diese vielfältige Chancen bieten. Eine Absicherung durch Zahlung sozialversicherungspflichtiger Abgaben bei einer Festanstellung in der Gründungsphase sichert z.b. ein Teilzeiteinkommen, sodass unter Umständen ein Gründungsdarlehen entfallen kann und dass zu tragende Gründungsrisiko abgemildert wird. Sollte es, wie viele deutsche Gründer befürchten, zu einem Scheitern kommen, wäre ebenfalls wenigstens die Rückkehr in den Herkunftsjob in Festanstellung in Vollzeit in vielen Fällen möglich. Auch der KfW Gründungsmonitor 2016 zeigt, dass Gründungen insbesondere im Vollerwerb rückläufig sind, sie sinken um 28 Prozent auf 109.000 Gründungen, während die Anzahl der Nebenerwerbsgründungen nur um 8 Prozent auf 479.000 Gründungen zurückgehen.[33] Auch das das Bundesministerium für Wirtschaft und Energie bestätigt diesen Trend. Laut dem Institut für Mittelstandsforschung in Bonn gab es ca. 299.000 gewerbliche Existenzgründungen im Jahr 2015, denen allerdings 328.000 Gründungsliquidationen entgegenstehen. Insgesamt wurden somit 29.000 Unternehmen mehr geschlossen, als gegründet. Anders sieht es bei den Nebenerwerbsgründungen aus, diese belaufen sich auf 249.000

---

[33] Vgl.https://www.kfw.de/PDF/Download-Center/Konzernthemen/Research/PDF-Dokumente-Gr%C3%BCndungsmonitor/Gr%C3%BCndungsmonitor-2016.pdf (Stand 13.05.2017), S.4

und insgesamt werden 69.000 Unternehmen mehr gegründet, als geschlossen.[34]
Eine höhere Anzahl an Neugründungen im Nebenerwerb gegenüber den Schließungen zeigt auch folgende Graphik auf der folgenden Seite auf.

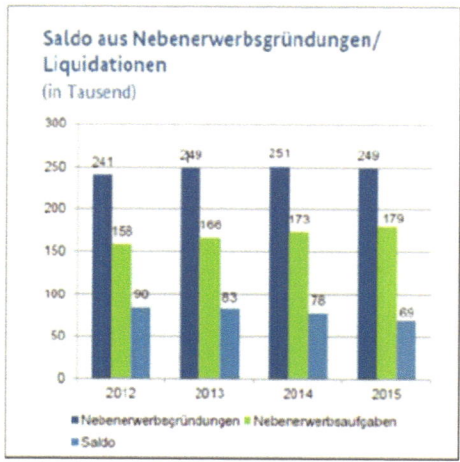

Abbildung 11: Vergleich Schließungen gegenüber Neugründungen
Quelle BMWI

Betrachtet man die Branchen, in denen neu gegründet wird, stellt man schnell eine
Konzentration auf den Dienstleistungsbereich fest. So erfolgen insgesamt 69 Prozent aller Gründungen im sogenannten Dienstleistungsbereich.

Gründer bieten hier persönliche, wirtschaftliche oder Finanzdienstleistungen an.
Der Handel kommt auf einen Anteil von 12 Prozent, danach folgen das verarbei-
tende Gewerbe und das Baugewerbe.[35]

---

34 Vgl. https://www.bmwi.de/Redaktion/DE/Publikationen/Mittelstand/
    unternehmensgruendungen-und-gruendergeist-in-deutschland.pdf?__blob=publication-
    File&v=20 (Stand 20.07.2017), S.6
35 Vgl. ebd.

Branchenanteile in Prozent

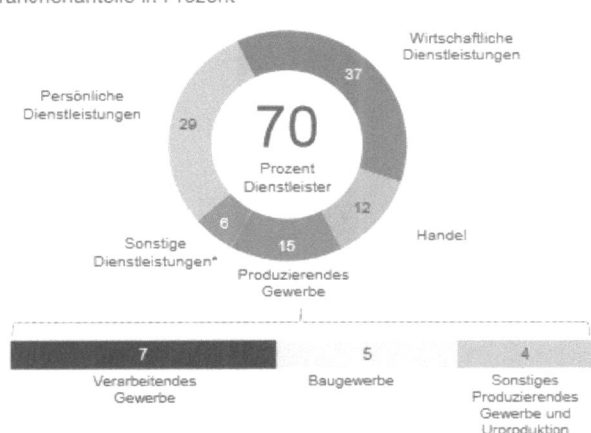

Abbildung 12: Gründungen nach Branchenanteilen
Quelle: KfW Gründungsmonitor 2016

Dies spiegelt insofern die Realität in der Volkswirtschaft der Bundesrepublik Deutschland wieder, als sich insgesamt die Wirtschaft immer mehr in Richtung Dienstleistungsbereich orientiert. Somit lässt sich anhand dieser Zahlen auch ein allgemeiner Strukturwandel in Deutschland feststellen. Innovationen stellen für den Wirtschaftsfaktor Deutschland zwar weiterhin eine große Bedeutung dar, bei den Neugründungen ist jedoch festzustellen, dass die meisten der im Dienstleistungsbereich aufgebauten Gründungen jedoch Angebote platzieren möchten, die schon erprobte Konzepte umsetzen.

Insgesamt nur 16 Prozent der Gründungen weisen eine innovative Neuheit oder eine neue Dienstleistung auf. Dieser Anteil ist sehr gering und konzentriert sich außerdem zumeist auf Innovationsgründungen durch Start Ups in Berlin, Hamburg oder Bremen, wobei Hamburg als neue Gründungshauptstadt Berlin abgelöst hat.[36]

Auch bei der Innovationsgründung wird deutlich, dass der Innovationsgehalt sich zumeist auf eine für die Region neue Angebotspalette beschränkt. Die regionale Marktneuheit nimmt somit mit 9 Prozent den größten Anteil ein, während welt-

---

[36] Vgl. https://www.kfw.de/PDF/Download-Center/Konzernthemen/Research/PDF-Doku-mente-Gr%C3%BCndungsmonitor/KfW-Gr%C3%BCndungsmonitor-2017.pdf , S.6 (Stand 27.07.2017)

weite Marktneuheit nur 4 Prozent aller Gründungen aufweisen, wie auch die folgende Graphik verdeutlicht:[37]

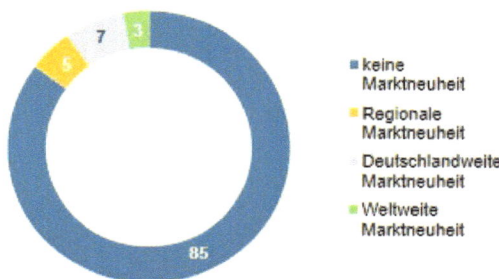

Innovationen durch Gründungen 2016
(in Prozent)

- keine Marktneuheit
- Regionale Marktneuheit
- Deutschlandweite Marktneuheit
- Weltweite Marktneuheit

Abbildung 13: Innovationsgehalt bei Gründungen in Deutschland
Quelle: KfW-Gründungsmonitor 2017, Tabellen- und Methodenband

Insgesamt lässt sich außerdem mit Blick auf Gründungen im Nebengewerbe feststellen, dass diese zum größten Teil als sogenannte Sologründer ohne Mitarbeiter durchgeführt werden. So haben sich im Jahr 2015 laut KfW-Gründungsmonitor insgesamt 71 Prozent ohne Mitarbeiter selbständig gemacht. An zweiter Stelle folgt die Teamgründung ohne angestellte Mitarbeiter im Nebenerwerb mit 18,7 Prozent. Die Varianten Sologründer im Nebenerwerb mit angestellten Mitarbeitern sowie Teamgründer mit angestellten Mitarbeitern kommen gemeinsam gerade einmal auf gute 10 Prozent.[38]

Doch auch die Sologründer, die in Vollzeit gründen, gründen zu knapp unter zwei Dritteln ohne angestellte Mitarbeiter. Hier nimmt jedoch die Variante Sologründer mit Angestellten knapp ein Viertel ein[39].

---

[37] Vgl. http://www.exist.de/SharedDocs/Downloads/DE/Zahlen-Fakten-Unternehmensgruendungen-Deutschland-2015.pdf?__blob=publicationFile, S.22. (Stand 17.07.2017)

[38] Vgl. https://www.kfw.de/PDF/Download-Center/Konzernthemen/Research/PDF-Dokumente-Gr%C3%BCndungsmonitor/KfW-Gr%C3%BCndungsmonitor-2016-Tabellenband.pdf , S. 18 (Stand 18.07.2017)

[39] Vgl.ebd.

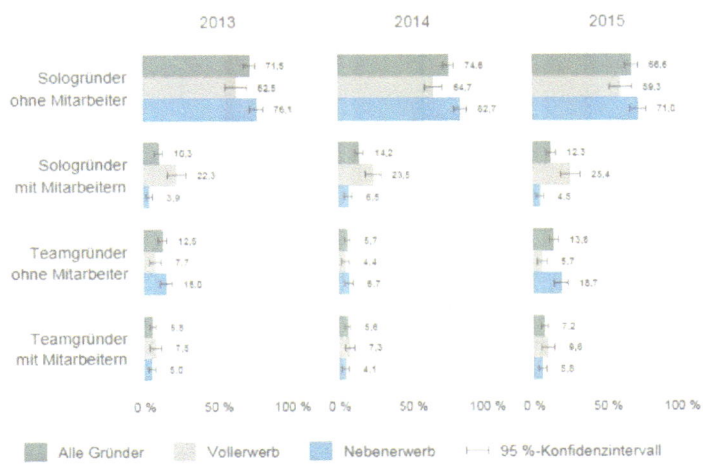

Abbildung 14: Größe und Anstellung von Mitarbeitern bei Neugründungen
Quelle: KfW-Gründungsmonitor 2017, Tabellen- und Methodenband

2.2.2 Gründungen im Nebenerwerb - Definitionsklärung und Charakteristika

Um genau abgrenzen zu können, was genau unter einer Gründung im Nebenerwerb verstanden wird, muss der Forschungsgegenstand weiter eingegrenzt werden. Gemäß der Definition der IHK Leipzig ist von Nebenerwerbsgründungen zu sprechen,

> ""wenn neben einer zeitlich oft überwiegenden Erwerbstätigkeit z. B. im Angestelltenverhältnis, als Hausfrau/mann oder während der Arbeitslosigkeit, eine nicht hauptberufliche selbständige Tätigkeit ausgeübt wird. In der Regel gilt eine Tätigkeit dann als Nebentätigkeit, wenn die Arbeitszeit nicht mehr als 1/3 der Arbeitszeit eines vergleichbaren Vollerwerbs in Anspruch nimmt."[40]

---

[40] https://www.leipzig.ihk.de/mediathek/Gr%C3%BCndung%20im%20Nebenerwerb.pdf (Stand 24.06.2017), S.1

Das Institut für Mittelstandsökonomie an der Universität Trier (INMIT) fasst den Begriff der Nebenerwerbsselbstständigkeit noch etwas weiter. Sie liegt demnach vor, wenn

> „die berufliche Selbstständigkeit eine zweite Erwerbstätigkeit darstellt, die in Teilzeit erbracht wird. Die erste Erwerbstätigkeit kann dabei in abhängiger Beschäftigung sowie auch als beruflich selbstständige Tätigkeit erfolgen. In letzterem Fall liegt eine so genannte „Mehrfachselbstständigkeit"

vor. Eine Nebenerwerbsgründung liegt dann vor, wenn die Aufnahme einer solchen Tätigkeit innerhalb der vergangenen 12 Monate erfolgt ist. In der Regel trägt die Nebenerwerbsgründung dabei weniger als die Hälfte zum Gesamteinkommen der jeweiligen Person bei."[41] Der Schwerpunkt wird hier deutlich, die Selbstständigkeit sichert den Erwerb (noch) nicht und macht maximal die Hälfte der durch bezahlte Arbeit erzielten Einkünfte aus. Im Gegensatz zur Vollselbstständigkeit können weitere Einkunftsquellen existieren, sie müssen aber nicht vorliegen. So werden zu den Gründungen im Nebenerwerb ebenfalls solche Formen gezählt, die aus Rente, Arbeitslosigkeit oder Familienzeit heraus entstehen. Eine Übersicht auf der folgenden Seite zeigt die unterschiedlichen Formen der Gründung im Nebenerwerb, die die INMIT definiert.

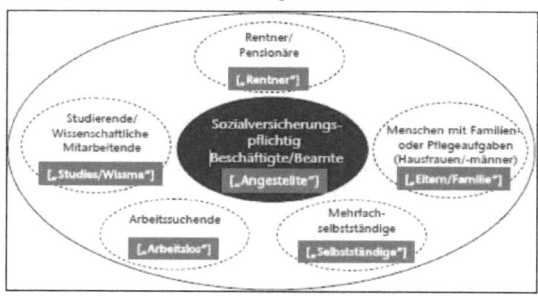

Abbildung 2-02: Nebenerwerbsselbstständigkeit im Sinne der Studie*

Abbildung 15: Nebenerwerbsselbständigkeit nach INMIT
Quelle: INMIT[42]

---

[41] Vgl.http://www.bmwi.de/Redaktion/DE/Publikationen/Studien/beweggruende-und-erfolgsfaktoren-bei-gruendungen-im-nebenerwerb.html, S. 36 (Stand 27.06.2017)
[42] Vgl. a.a.O., S. 39

Da es wenige Studien zu Gründungsvorgängen und Verläufen sowie Erfahrungen gibt, werden diese nicht noch weiter geclustert, um eine breite Datenmenge der Gründer im Nebenerwerb zu erhalten. Ähnliche Unterscheidungen werden z.B. auch vom Gründermonitor getroffen, der regelmäßig von der Kreditanstalt für Wiederaufbau durchgeführt wird. Hier erfolgt eine Unterteilung in Haupt- und Nebenerwerbselbständigkeit aufgrund Selbsteinschätzung.[43] Somit werden die Ausarbeitungen der Bachelor Thesis diese Gruppen ebenfalls mit einbeziehen. Es ist jedoch festzuhalten, dass der Schwerpunkt bei der Ausarbeitung von Handlungsempfehlungen bei der Gründung in der Nebenerwerbsselbständigkeit im sozialen Bereich auf der Form der noch Angestellten Gründer liegen wird, die in der ersten Gründungszeit eine Anstellung von 20 Wochenstunden in sozialversicherungspflichtiger Beschäftigung aufrechterhalten, um den Status des Nebenerwerbsselbständigen in der Gründungsphase zu nutzen und während des Aufbaus eines Kundenstamms noch von Vergünstigungen durch Einsparungen von Sozialversicherungsabgaben profitieren. Hier soll jedoch auch die Problematik von Nebenerwerbsgründungen in den Blick genommen werden. Komplett aus dieser Betrachtung ausgenommen sind die Formen von Selbständigkeit, denen kein wirtschaftlich aktives Handeln zugrunde liegt (z.B. Scheingründungen, Solardachbetreiber) sowie sogenannte Kleinstgründungen. Kleinstgründungen stellen eine Sonderform der Gründungen im Nebenerwerb dar, da sie meist nur die Erzielung niedriger Einnahmen verfolgen und die Sicherung des Lebensunterhaltes durch diese Form zumeist nicht gewährleistet werden kann, sodass sie im Folgenden nicht berücksichtigt werden. Eine schwierigere Abgrenzung stellt die Gründung einer Notgründung oder einer Gründung aus tatsächlichem wirtschaftlichem Interesse dar. Erste wird oftmals als Notlösung angestrebt, oftmals nicht durchgehend geplant, spontan durchgeführt und oftmals wieder aufgegeben, sodass hier insbesondere die Abbruchzahlen der Nebenerwerbsgründungen verzerrt werden können. Eine Herausnahme dieser Daten aus bestehenden Studien ist jedoch aufgrund fließender Übergange schwierig. Besonders auffällig ist außerdem, dass viele Gründungen im Nebenerwerb durch sogenannte Solo-Selbständige erfolgen. So scheint es laut DIW einen spezifischen Typus zu geben. Er ist gut ausgebildet und weist mindestens eine abgeschlossene Ausbildung auf, knapp zwei fast die Hälfte sogar ein Studium

---

[43] Vgl. A.a.O., S.38

oder Meisterbrief.[44] Die Teilzeitquote insgesamt steigt an, wobei die Teilzeitgründungen noch stark weiblich dominiert sind.

Solo-Selbständige nach ausgewählten Merkmalen
Anteile in Prozent

	Solo-Selbständige		Alle Erwerbstätigen	
	2000	2011	2000	2011
Ausbildungsabschluss				
Ohne Berufsausbildung[1]	11	7	17	13
Lehre, Fachschule[2]	50	49	57	58
Studium, Meisterprüfung[3]	39	44	26	29
Insgesamt	100	100	100	100
Personen in Teilzeit	21	32	19	27
Teilzeitquote der Männer	11	20	5	10
Teilzeitquote der Frauen	40	51	38	46
Personen mit zweiter Erwerbstätigkeit	4	6	2	5

1 ISCED 0 bis 2.
2 ISCED 3 bis 4.
3 ISCED 5 bis 6.

Quellen: Eurostat; Berechnungen des DIW Berlin.

© DIW Berlin 2013

Das Ausbildungsniveau und die Teilzeitarbeit haben unter den Solo-Selbständigen deutlich zugenommen.

Tabelle 3: Solo-Selbständige nach ausgewählten Merkmalen
Quelle: DIW

Die Teilzeitbeschäftigung nimmt jedoch insgesamt immer mehr Gewicht ein, stärker als bei den sozialversicherungspflichtig Angestellten. Dies ist nicht nur auf einen großen Anteil Frauen zurück zu führen, denn auch die Teilzeitquote der Männer, die in Form einer Solo-Selbständigkeit liegt mit 20 Prozent doppelt so hoch, wie bei sozialversicherungspflichtig angestellten Männern mit 10 Prozent. Insgesamt werden mehr als zwei Drittel aller Solo-Selbständigkeiten in Teilzeit ausgeführt (71 Prozent).[45] Betrachtet man die unterschiedlichen Branchen, lässt sich insbesondere die für die Bachelor-Thesis relevante Gruppe der Sozialberufe ein leichtes Wachstum verzeichnen:

---

44 Vgl. https://www.diw.de/documents/publikationen/73/diw_01.c.415654.de/13-7.pdf (Stand 19.06.2017), S.7 ff.

45 Vgl. ebd.

SOLO-SELBSTÄNDIGE

Tabelle 5

Solo-Selbständige nach Berufen

	Anzahl in 1 000 Personen			Jahresdurchschnittliche Veränderung			Wachstums- beitrag	Solo-Selbständige bezogen auf alle Selbständige
				In Prozent				Anteile in Prozent
	2000	2004	2009	2000-2004	2004-2009	2000-2009	2000-2009	2009
Ausbauberufe	41,3	45,4	92,5	2,4	15,3	9,4	9,6	61
Lehrer, Dozenten	62,3	71,1	107,6	3,4	8,6	6,3	8,5	94
bildende Künstler	54,5	76,2	93,3	8,7	4,1	6,1	7,3	90
pflegerische Berufe	12,0	18,3	45,8	11,2	20,1	16,0	6,3	91
Kosmetiker	39,1	51,1	71,1	6,9	6,8	6,9	6,0	88
Steuer-, Wirtschaftsberater	60,0	82,3	91,1	8,2	2,1	4,8	5,9	60
IT-Kräfte	39,6	49,7	69,7	5,8	7,0	6,5	5,7	78
Hochbauberufe	22,9	27,6	48,8	4,8	12,1	8,8	4,9	55
Hausmeister	11,7	20,5	34,0	15,0	10,6	12,5	4,2	77
sonstige therapeutische Berufe	14,0	18,0	31,9	6,5	12,1	9,6	3,4	69
Reinigungsberufe	11,3	16,3	27,5	9,7	11,0	10,4	3,1	63
Publizisten	44,2	50,4	60,2	3,3	3,6	3,5	3,0	94
darstellende Künstler	11,9	16,3	27,5	8,1	11,1	9,7	2,9	97
Vermittler, Makler	54,9	59,3	69,5	1,9	3,2	2,6	2,7	67
Musiker	18,1	27,0	30,9	10,5	2,8	6,2	2,4	98
Masseure	17,0	23,0	29,7	7,9	5,2	6,4	2,4	51
Sportlehrer	15,0	20,1	27,3	7,6	6,3	6,9	2,3	85
Heilpraktiker	11,8	16,9	23,8	9,5	7,0	8,1	2,3	88
Friseure	15,7	20,6	27,6	7,0	6,1	6,5	2,2	38
Psychologen	10,2	14,1	21,5	8,3	8,8	8,6	2,1	89
Ingenieure	48,1	58,6	58,7	5,1	0,0	2,2	2,0	52
sonstige Fertigungsberufe	48,0	53,1	57,2	2,6	1,5	2,0	1,7	44
Fotografen	9,2	13,6	18,2	10,3	6,0	7,9	1,7	84
Verwalter, Buchhalter	10,1	13,1	18,0	6,7	6,6	6,6	1,5	79
Bürokräfte	22,8	24,4	30,6	1,8	4,6	3,3	1,5	55
Werbefachleute	13,1	21,6	20,9	13,5	-0,7	5,4	1,5	76
Sozialberufe	7,8	11,0	15,6	9,0	7,2	8,0	1,5	78

Tabelle 4: Solo-Selbständige nach Berufen

Quelle: DIW

Von 1000 Personen, die eine Solo-Selbständigkeit ausüben, haben im Jahr 2000 insgesamt 7,8 einen Sozialberuf ausgeübt, 2009 waren es schon 15,6. Insbesondere der Bereich des Sozialwesens scheint ein Bereich zu sein, im dem Selbständigkeit in den meisten Fällen auch eine Solo-Selbständigkeit darstellt. So sind 78 Prozent aller Selbständigen im Sozialbereich Solo-Selbständige. Die Motivation der Solo-Selbständigen scheint ähnliche Gründe zu haben, wie die der insgesamt Gründungswilligen. Verwandte Branchen wie die der pflegenden Berufe oder die der Dozenten finden sich sogar auf den Plätzen 4 (pflegerische Berufe) bzw. 2 (Dozenten/Lehrer), beide weisen über 90 Prozent, insbesondere die Zahl der Pflegenden und der Lehrer und Dozenten im Bereich der Einzelselbständigen ist sehr stark angestiegen, sodass hier von einem sehr starken und anhaltenden Wachstum gesprochen werden kann.[46] Nachdem der typische Gründer im Bereich der Einzelselbständigen im Nebengewerbe detaillierter skizziert wurde, wird im Folgenden der Blick auf fördernde und hemmende Faktoren für diese spezielle Gründungsform gerichtet.

---

[46] Vgl. ebd.

2.2.3 Gründungsvorhaben im Nebenerwerb - fördernde und hemmende Faktoren

Insgesamt lässt sich feststellen, dass in Deutschland die monetären Anreize weniger relevant für ein geplantes Gründungsvorhaben sind, als z.b. andere Motivationen wie größere Unabhängigkeit. Dies konnte auch schon im Rahmen der Studienarbeit skizziert werden[47]. So gaben im Global Entrepreneurship Monitor 2015 insgesamt 39 Prozent aller Befragten die größere folgten im Arbeitsleben als wichtigstes Gründungsmotiv an. Mit 27 Prozent folgte an zweiter Stelle die Sicherung des bisherigen Einkommens und weitere 27 Prozent gaben als Motivation die Erhöhung des bestehenden Einkommens an. Während somit in Deutschland nur gut ein Viertel in erster Linie das eigene Einkommen erhöhen wollen, finden sich in Norwegen, Kanada oder den USA zwischen 35 bis 48 Prozent Zustimmung zu dieser Aussage.[48] Monetäre Anreize scheinen weder im Bereich der Haupterwerbsgründungen, noch bei den Nebenerwerbsgründungen in Deutschland der ausschlaggebende Faktor zu sein. Was sind jedoch die Motive und welche Faktoren begünstigen oder hemmen eine Gründung insbesondere im Bereich der Nebenerwerbsgründungen? Die INMIT-Studie hat in ihrer Erhebung insbesondere Gründer im Nebenerwerb in den Fokus genommen und ihre Motive für die Gründung an sich und die gewählte Gründungsform erhoben. Hier zeigt sich vor allem, dass im Bereich der Nebenerwerbsgründungen die unternehmerische Selbständigkeit für mehr als zwei Drittel (70 Prozent) eine neue Erfahrung darstellt.[49] Mit Blick auf die im Vorfeld näher betrachteten Branchen und eine hohe Gründungszahl im Bereich Dienstleistungen Gesundheit/Sozial, generelle Dienstleistungen oder auch den freien Berufen kann dies als erster Hinweis verstanden werden, dass kaufmännisches oder unternehmerisches Wissen und auch ein bestimmter Unternehmertypus bei mehr als zwei Dritteln der Nebenerwerbsgründer (noch) nicht vorhanden sein könnte. Dies kann ein Risiko darstellen, da vor allem bei den Solo-Selbständigen mit kleinem Eigenkapital gegründet wird. Somit entfällt zwar auf der einen Seite das finanzielle Risiko eines Existenzgründungsdarlehens im größeren Umfang, es entfällt aber unter Umständen ebenfalls die mit Darlehen und Zuschüssen verbundenen verbindlichen Existenzgründerplanungen wie z.B. ein Businessplan. Inwieweit

---

[47] Vgl. Grützmacher, Christoph: Identifizierung von fördernden und hemmenden Einflussfaktoren bei der Gründung im Bereich (sozialer) Dienstleistungen im Nebenerwerb: Studienarbeit, S. 25 ff.

[48] Vgl. ebd.

[49] Vgl.http://www.bmwi.de/Redaktion/DE/Publikationen/Studien/beweggruende-und-erfolgsfaktoren-bei-gruendungen-im-nebenerwerb.html, S.91 (Stand 27.07.2017)

solche Planungen vertieft vor Gründungsphasen erstellt werden, wenn sie nicht zwingende Voraussetzungen für Förderung oder Darlehenszusagen sind, kann an dieser Stelle nicht beantwortet werden. Es ist jedoch festzuhalten, dass von einer eher niedrigeren unternehmerischen Ausprägung bezogen auf die Persönlichkeit und auch das Wissen ausgegangen werden kann – dies kann ein hemmender Faktor sein. Grundsätzlich liefert die INMIT Studie auch spezifische Motive für die Gründungen im Nebenerwerb und somit auch Hinweise auf fördernde und hemmende Faktoren. So möchten die meisten Nebenerwerbsgründer ihre beruflichen Kompetenzen auch in ihre Selbständigkeit einbringen und eine Erwerbsalternative in Form eines zweiten Standbeines schaffen. Dies geschieht bewusst im Nebenerwerb, da die Vermeidung von finanziellen Risiken, die bei einer Haupterwerbsselbständigkeit als höher einzuschätzen ist, ebenfalls als ein vorrangiger Grund genannt wird.[50] Dies könnte auch als ein Hinweis verstanden werden, dass insbesondere Gründer im Nebenerwerb sich ihrer unternehmerisch womöglich noch nicht umfassenden Kenntnisse bewusst sind und ihre Gründungsidee so mit geringeren Risiken am Markt testen möchten. Hierbei ist die Nebenerwerbsgründung als fördernder Faktor zu verstehen, da viele der Gründer ansonsten eine Gründung gar nicht in Betracht ziehen würden. So sind die Einkünfte aus der abhängigen Erwerbstätigkeit für diese Gruppe von großer Bedeutung, für die Gruppe der Angestellten (neben anderen Gruppen wie Hausfrauen/-männer, Rentner, Studierende) stellt sie sogar die höchste Bedeutung dar, bilden sie doch die Möglichkeit, bei zwar reduzierter aber anhaltender Sicherung eines Gehalts durch Einkommen mit wesentlich geringerem finanziellem Risiko zu gründen. Auch die weiterhin bestehende Absicherung durch das Sozialversicherungssystem durch weitere Zahlungen an z.B. Kranken- und Pflegeversicherungen ist von größerer Bedeutung und nimmt für Frauen in der Nebenerwerbsgründung eine noch signifikanter stärkere Motivation ein, als für Männer, die im

Nebenerwerb gründen.[51] Die Idee, sich erst einmal einen Hinzuverdienst zu generieren, steht insbesondere bei Männern mehr im Vordergrund, während Frauen sich eher eine Erwerbsalternative aufbauen möchten.

---

50 Vgl. a.a.O., S. 103 f.
51 Vgl. a.a.O., S. 115 ff.

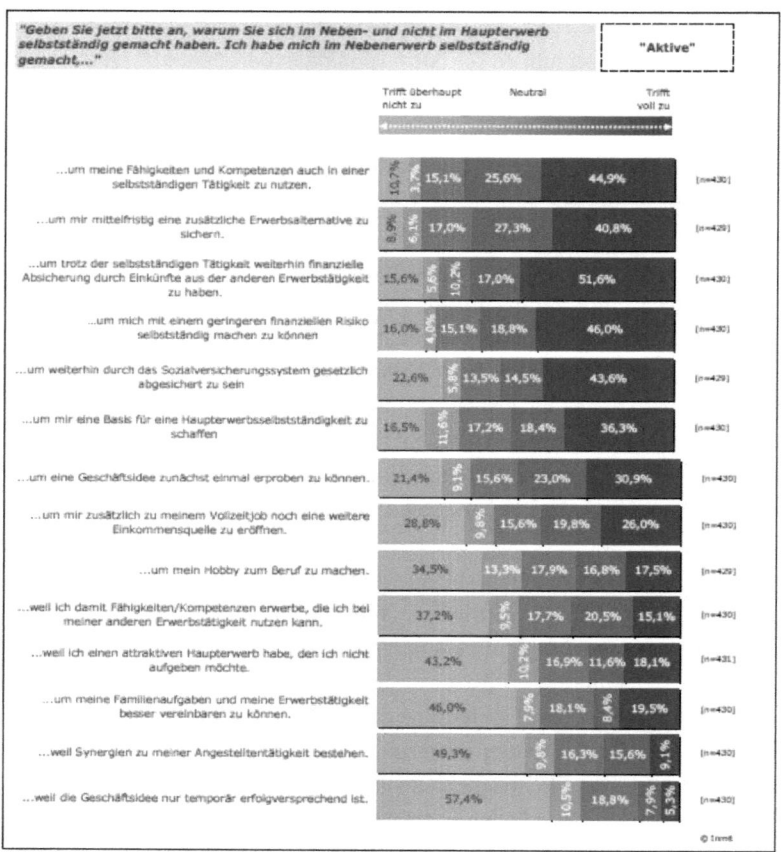

Abbildung 16: Begründungen für Gründungen im Neben- statt im Hauptgewerbe
Quelle: INMIT

Die INMIT Studie erhob jedoch nicht nur Gründe für eine Gründung im Nebener-werb anstelle einer Hauptgründung, sondern auch Aspekte, die eine gelingende Gründung befördern bzw. Fundament einer gelingenden Gründung im Nebener-werb für die Befragten waren. So wurden speziell die Nebenerwerbsselbständigen gefragt, welche Faktoren besonders wichtig bei einer positiven Gründung waren. Insbesondere eine gute Organisationsfähigkeit, ein gutes Zeitmanagement sowie die Möglichkeit, die unterschiedlichen Arbeitszeiten flexibel einzuteilen, als beson-ders wichtig angesehen. Ebenfalls tauchen jedoch auch bestimmte Persönlichkeits-merkmale wie Disziplin, Organisationsfähigkeit oder Durchhaltevermögen auf. Auch Merkmale wie kaufmännische Qualifikationen, unternehmerisches Handeln und ein durchdachtes Persönlichkeitskonzept tauchen gehäuft auf. Es scheint neben Zeitmanagement und Organisationsfähigkeit also immer auch von großer Bedeutung zu sein, ob unternehmerisches Handeln und unternehmerische Planung vorliegt und ob sich in der eigenen Gründerpersönlichkeit u.a. ein unternehmerisches Persönlichkeitsprofil findet. Ebenfalls interessant ist der Verweis auf die Wichtigkeit von Beratung vor und während der Gründungsphase sowie eine systematische Gründungsplanung, dies wird auch in qualitativen offenen Interviews von einigen Befragten verdeutlicht.[52] Zitate aus den offenen Interviews verdeutlichen dies:

- „Für eine erfolgreiche Nebenerwerbsgründung ist es wichtig, dass die Planung genauso ernst genommen wird wie bei einer Haupterwerbsselbstständigkeit."

- „...man einen guten (und bezahlbaren) Existenzgründungsberater findet, der den gesamten Prozess der Planung und Durchführung begleitet."

- „...die Geschäftsidee genauso durchdacht ist, wie bei einer Hauptselbstständigkeit – aber der zeitliche Aufwand begrenzt wird."

- „...Erwartungen (insbesondere finanzielle) realistisch sind und der Zeitbedarf nicht unterschätzt wird. Betriebswirtschaftliches und rechtliches Grundlagenwissen ist absolut notwendig."

- „...man eine große Portion Disziplin mitbringt und ein straffes Zeitmanagement verfolgt."

- „...man sich im Vorfeld beraten lässt und sich im Laufe des 1. Jahres coachen lässt, um schneller einen Ausbau des Unternehmens zu erreichen."[53]

Als problematisch angesehen werden insbesondere Umstände wie die Tatsache, dass Gründer sich nicht im gewünschten Umfang auf die Nebenerwerbsselbständigkeit konzentrieren können (zum Start 31,2 Prozent, zum Zeitpunkt der Befragung 47,3 Prozent), die Doppelbelastung durch abhängige Beschäftigung und Selbständigkeit besonders hoch ist (Start 42,6 Prozent, Zeitpunkt der Befragung 41,3 Prozent), Die Kunden- und Auftragsakquise sich schwierig gestaltet (42,3 Prozent Start, 42,1 Prozent Zeitpunkt der Befragung) und es nur mangelnde Informationen

---

[52] Vgl. ebd.
[53] Vgl. ebd.

und Beratungsmöglichkeiten für die spezielle Gründungssituation von Nebenerwerbstätigen gibt (23 Prozent heute, 30,9 Prozent beim Start).

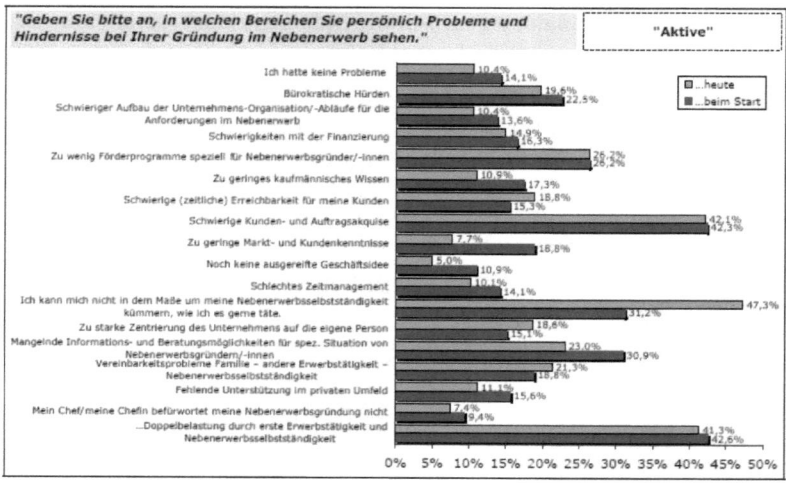

Abbildung 17: Probleme bei der Gründung im Nebenerwerb
Quelle: INMIT

Auffallend hierbei ist jedoch, dass nur wenige der Ansicht sind, noch keine ausgereifte Geschäftsidee zu haben, zu geringe Markt- und Kundenkenntnisse aufzuweisen oder zu geringes kaufmännisches Wissen zu besitzen. Im Gegenzug jedoch beklagen auch nach dem Start mehr als 40 Prozent eine schwierige Kunden- und Auftragsakquise und einen fast nicht zu schaffenden Spagat zwischen Angestelltenverhältnis und eigener Existenzgründung. Hier verweist die INMIT-Studie auf eine wahrscheinlich vorhandene Unstimmigkeit bezüglich des Selbstbildes der Gründer und des Fremdbildes von Experten. Diese sind der Ansicht, dass insbesondere bei Selbständigkeiten im Nebenerwerb oftmals wenig ausgereifte Geschäftsideen, rudimentäre Planung und Kalkulation und fehlendes unternehmerisches Handeln vorhanden ist.[54] Dieser Punkt wird unter dem Punkt 2.2.3.2 Gründungen im Nebenerwerb - Existenzängste weiter vertieft werden. Dies zeigt, dass Gründungen im Nebenerwerb zwar Vorteile bezüglich des finanziellen Risikos und dem Austesten eigener Ideen ohne Risiko oder größere Einsätze von hohem Gründungskapital

---

[54] Vgl.http://www.bmwi.de/Redaktion/DE/Publikationen/Studien/beweggruende-und-erfolgsfaktoren-bei-gruendungen-im-nebenerwerb.html, S. 117 ff. (Stand 27.06.2017)

aufweisen. Diese Vorteile können jedoch ebenfalls einen hemmenden Faktor darstellen. So kann eine nicht vorhandene Gründerpersönlichkeit den Start eines Unternehmens erschweren, indem Kalkulationen für Produkte oder Dienstleistungen zu niedrig angesetzt werden, nicht marktfähige Preise angeboten werden und aufgrund der Angst vor dem Wechsel in die Hauptselbständigkeit zu lange einer doppelten Erwerbstätigkeit nachgegangen wird, die sich psychisch wie physisch auf die eigene Gesundheit auswirken kann. Die Gründungspersönlichkeit und mit ihr verbundene Charakteristika wie Disziplin, Durchsetzungsvermögen, Ehrgeiz, gutes Zeitmanagement und generelle Managementkompetenzen scheint somit relevant zu sein, um erfolgreich gründen zu können. Ebenfalls scheint das wirtschaftliche Wissen, sei es theoretisches Wissen zu Unternehmertum und wirtschaftlichem Handeln, oder das Anwenden auf die eigene Geschäftsidee durch Markt- und Kundenanalyse, fundierte Kalkulation und Businessplanung usw. von großer Bedeutung zu sein. Als dritten Faktor nennen die Befragten ebenfalls Unterstützung durch dritte Personen durch Beratungsleistungen. Diese drei Punkte wird die Bachelor-Thesis im Folgenden vertieft bearbeiten.

2.2.3.1 Gründungen im Nebenerwerb - psychologische Ängste

Im Kapitel fördernde und hemmende Faktoren konnten zwei besonders relevante Punkte herausgearbeitet werden: die wirtschaftlichen Rahmenbedingungen und vorhandene psychologische Ängste.

Während die wirtschaftlichen Faktoren im nächsten Punkt bearbeitet werden, wird sich dieser Abschnitt mit der Frage beschäftigen, welche psychologischen Aspekte bei der Gründung eine Rolle spielen und ob es eine spezifische Gründungspersönlichkeit im Bereich der Nebenerwerbsgründungen gibt. So haben Wissenschaftler der Universität Duisburg-Essen herausgefunden, dass vor allem die in Deutschland weit verbreitete Angst vor dem Scheitern Menschen von Gründungsvorhaben abhält. 550 sich im Planungsprozess für eine Existenzgründung befindende Personen wurden in einer experimentellen Studie befragt. Ausgewählt wurden Personen, die von ihrer Gründungsidee sehr überzeugt waren. Sie wurden mit unterschiedlichen Hindernissen konfrontiert, die während der Gründungsphase klassischerweise auftreten können, wie z.B. das Nachlassen sozialer Unterstützung, vor dem sich insbesondere Nebenerwerbsgründer fürchten, die neben der Existenzgründung noch eine Festanstellung und die Familie vereinbaren möchten. Ein weiteres Szenario war das Wegfallen finanzieller Ressourcen. Laut Prof. Kollmann, dem Studienleiter fiel auf, dass fast alle Probanden ihre Gründungsidee nach dem Durchspielen solcher Szenarien schlechter bewerteten und sich verunsichern ließen. Die Angst zu Scheitern wurde schnell aktiviert.[55]

2.2.3.1.1 Psychologische Ängste und die Frage nach dem Gründertypus

Grundsätzlich sind Gründer im Nebenerwerb wahrscheinlich vorsichtiger, als Haupterwerbsgründer. So wird in Umfragen vor allem das begrenztere Risiko als Grund für diese Gründungsform angegeben. Auch das Testen wollen, ob die Gründungsidee und die eigenen unternehmerischen Fähigkeiten ausreichend sind, wird als wichtiger Grund angegeben. Dies zeigt auch, dass ein Großteil dieser Gründer eher „typische Arbeitnehmer" sind und wenig Berührungspunkte zu unternehmerischen Aktivitäten vor ihrer eigenen Gründung hatten.[56] Vergleichsweise häufig finden sich in dieser Gründungsform somit auch Frauen, die die Nebenerwerbsselbständigkeit als beruflichen Wiedereinsteiger oder für Umorientierungen nutzen. Ob dieser doppelte Boden jedoch nicht nur Sicherheit bietet, sondern auch unternehmerisches Handeln ausbremsen kann, da keine volle Konzentration auf die Gründung gelegt werden kann, fragen sich einige der Gründer ebenfalls schon im Vorfeld, so sind die Ängste vor Überarbeitung oder schwieriger Vereinbarung von Gründung und Familie vorherrschende Ängste. Auf der anderen Seite kann jedoch auch der Schwerpunkt wirtschaftlichen Handelns bei der Gründung im Nebenerwerb zu wenig Berücksichtigung finden. Zitate aus der qualitativen Befragung der INMIT-Studie veranschaulichen dies:

> „Das Beste aus zwei Welten": Finanzielle Sicherheit im Haupterwerb,
>
> Innovation und Kreativität im Nebenerwerb."
>
> „Die Grundsicherung durch den Haupterwerb. Müsste ich meinen Lebensunterhalt
>
> und den meiner studierenden Kinder sofort und dauerhaft durch eine hauptberufliche Selbstständigkeit bestreiten, wäre ich wesentlich weniger experimentierfreudig."[57]

Die Fragestellung, ob eine Gründung vorliegt, die auch eine wirtschaftliche Unabhängigkeit und das Erreichen wirtschaftlicher Erfolge zum Ziel hat, kann mit Blick

---

[55] Vgl. http://gruender.wiwo.de/studie-warum-aus-vielen-existenzgruendungen-nichts-wird/ (Stand 29.07.2017)

[56] Vgl. http://www.bmwi.de/Redaktion/DE/Publikationen/Studien/beweggruende-und-erfolgsfaktoren-bei-gruendungen-im-nebenerwerb.html, S. 107 ff. (Stand 27.06.2017)

[57] Vgl. ebd.

auf die oben genannten Zitate nicht immer eindeutig bejaht werden. Doch wie sieht ein Gründertypus aus, der wirtschaftliches Handeln und eine wirtschaftliche Trag-fähigkeit der eigenen Gründung als Hauptziel verfolgt und können bestimmte Per-sönlichkeitsanteile, die einen Gründungstypus ausmachen und die eine Gründung wahrscheinlich erfolgreicher verlaufen lassen, durch Persönlichkeitsentwicklung weiter ausgebildet werden? Diesen Fragen geht das folgende Kapitel nach.

2.2.3.1.2 Möglichkeiten zur Analyse eines Persönlichkeitsprofils am Beispiel des 16 PF-R

Es gibt unterschiedliche Methoden zur Erstellung eines Persönlichkeitsprofils. Eine weltweit anerkannte und langjährig entwickelte und stetig angepasste Me-thode ist die Anwendung des 16 Persönlichkeits-Faktoren- Tests. Dieser Test wurde im Rahmen des Steinbeis Studiums ebenfalls für die Studierenden durchge-führt und war Teil einer Ausarbeitung im Rahmen eines Transfer Reports, auf des-sen Ausarbeitungen ich mich im Folgenden stützen werde.[58] Der 16 Persönlich-keits-Faktoren-Test wurde von Raymond B. Catell entwickelt, in seiner ersten Ver-sion erschien er 1949. Er ist ein mehrdimensionaler Test, der zur Persönlichkeits-diagnostik für (junge) Erwachsene (ab ca. 16- unbegrenzt) in unterschiedlichen Bereichen, von der Berufsberatung über Betriebspsychologie bis hin zu klinischer Psychologie eingesetzt werden kann. Er enthält 184 Fragen, die neben 16 Primär-dimensionen auch 5 Globaldimensionen der Persönlichkeit sowie den Grad der so-zialen Erwünschtheit ermitteln. Mit der Entwicklung des 16-PF-R Tests schaffte Ca-tell es, die Eigenschaftsbezeichnungen von Allport und Odbert drastisch zu redu-zieren, diese lagen ursprünglich bei 17.952 Eigenschaften und wurden dann auf 16 Persönlichkeitsdimensionen zusammengefasst. Bis zur heute aktuellen Version gab es jedoch einige Veränderungen, so wurde die Übersichtlichkeit verbessert, in-dem auf ursprünglich von Catell eingeführte bipolare Benennungen der Pri-märskala verzichtet wurde. Ebenfalls aktualisiert wurden an die heutige Gesell-schaft angepasste Formulierungen sowie Fragestellungen, die gendersensibel sind. Außerdem wurden die Antwortmöglichkeiten verbessert, so ist es in der neuen Fassung möglich, eine b-Antwort als Alternative auszuwählen, wenn aus unter-schiedlichsten Gründen eine Entscheidung für a oder c nicht gewählt werden kann. Eine logische Schlussfolgerung, die früher in den Test eingestreut war, wird nun deutlich erkennbar am Ende des Tests erhoben, für die Probanden wird deutlich,

---

[58] Vgl. Grützmacher, Christoph: Transferreport Personalmanagement, S. 5 ff.

dass hier Fragen gestellt werden, auf die nur richtig oder falsch geantwortet werden kann. Insgesamt enthält der 16 PF-R 184 Items. Diese werden 16 Primärdimensionen, 3 Antwortstilskalen und 5 Globaldimensionen der Persönlichkeit zugeordnet. Die in der Abbildung unten dargestellten Primärdimensionen bilden die fünf Globaldimensionen Selbstkontrolle. Extraversion, Unabhängigkeit, Ängstlichkeit und Unnachgiebigkeit.[59]

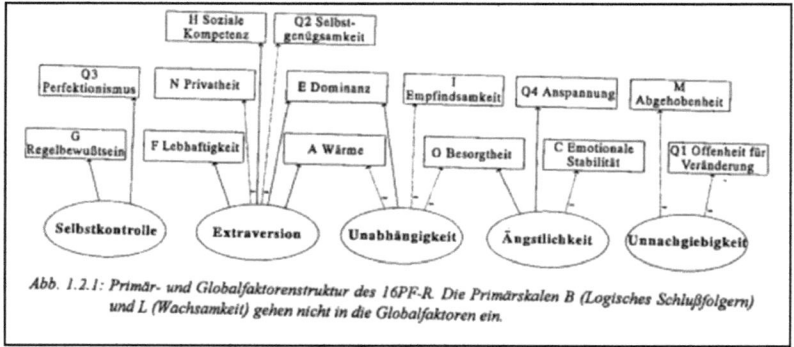

Abb. 1.2.1: Primär- und Globalfaktorenstruktur des 16PF-R. Die Primärskalen B (Logisches Schlußfolgern) und L (Wachsamkeit) gehen nicht in die Globalfaktoren ein.

Abbildung 18 – Primär- und Globalfaktorenstruktur des 16 PF-R
Quelle: Vgl. Schneewind, K und Graf, J.: Der 16-Persönlicbkeits-Faktoren-Test, Revidierte Fassung: (16 PF-R), 1998

Da der 16 PF-R eine mehrdimensionale Erfassung von Persönlichkeitsstrukturen von sehr jungen Erwachsenen bis hin zum hohen Alter abbilden soll, kann der Test auch vielfältig eingesetzt werden. Er wird nicht nur im Bereich der Arbeits- oder Berufspsychologie oder der Berufsberatung eingesetzt, sondern kann auch im Bereich der klinischen Psychologie genutzt werden, um mögliche psychische Störungen und sich daraus ergebende Maßnahmen zu erheben. In der pädagogischen Psychologie wird er genutzt, um die Wirkung von Bildungsangeboten auf die Persönlichkeitsmerkmale zu evaluieren. Auch in der Forschung findet der 16 PF-R vielfältige Anwendung, z.B. in der Erforschung gruppendynamischer Prozesse.[60] Somit ergeben sich unterschiedlichste Anwendungsgebiete, in denen der 16 PF-R eingesetzt wird. Der 16 PF-R weist fünf Globalskalen auf. Um den 16 PF-R im Bereich der Personalauswahl und –Entwicklung mit einer möglichen Nutzung für Unternehmensgründer nutzen zu können, ist zuerst ein Blick auf die Globalskalen

---

[59] Vgl. Berth, H und Balck, F.: Psychologische Tests für Mediziner, 2006, S.44
[60] Vgl. Schneewind, K und Graf, J.: Der 16-Persönlicbkeits-Faktoren-Test, Revidierte Fassung: (16 PF-R), 1998, S.8

notwendig, da aus ihnen eine Interpretation des Ergebnisses erfolgen kann. Hier wäre zum einen die Frage: Gibt es ein passendes 16 PF-R Gründerprofil und zum anderen: Wie kann damit umgegangen werden, wenn das Profil keine typischen Management- oder Gründungsfähigkeiten aufweist? Wichtig zu beachten ist hierbei, dass es nicht das eine perfekte Profil gibt, sondern immer eine Vorüberlegung stattfinden muss und abgeklärt werden muss, welche Merkmale in einer bestimmten Berufsgruppe oder Branche oder auch in einer bestimmten Position wie z.B. der Selbständigkeit von Vor- oder Nachteil sein kann. Im Folgenden werden die fünf Globalskalen Extraversion, Ängstlichkeit, Selbstkontrolle, Unabhängigkeit und Unnachgiebigkeit näher erläutert und danach der Versuch der Entwicklung eines passenden Profils für eine Selbständigkeit im Bereich der sozialen Dienstleistungen unternommen. Des Weiteren wird der Fragestellung nachgegangen, wie mit nicht oder nur teilweise passenden Profilen umgegangen werden kann und welche Lösungsansätze sich hier bieten.

2.2.3.1.2.1 Extraversion

Das Konzept der Extraversion wurde hauptsächlich von Jung (1972) entwickelt. Auch im bedeutenden Modell der sogenannten Big Five der Persönlichkeiten ist Extraversion eines der fünf Merkmale. Im 16 PF-R beinhaltet Extraversion unterschiedliche Aspekte, die mit den Primärskalen Wärme (A), Dominanz (E), Lebhaftigkeit (F), Soziale Kompetenz (H), Selbstöffnungsbereitschaft (N-) und Soziale Orientierung (Q2-) erhoben werden.[61] Kennzeichnend für extravertierte Personen ist eine hohe Kontaktorientierung, der Kontakt zu anderen Menschen und der Austausch mit Ihnen wird gewünscht. Dies geht einher mit einer Bereitschaft, anderen ebenfalls offen gegenüber zu treten. Dies erleichtert Kontaktaufnahmen. Extravertierte Menschen schließen sich gerne an Gruppenaktivitäten oder Vereine an und stehen hier auch lieber im Mittelpunkt, als am Rande. Sie zeichnen sich durch Spontanität und Begeisterungsfähigkeit aus. Im Gegensatz dazu sind introvertierte Menschen eher daran interessiert, Zeit alleine zu verbringen. Sie sind reservierter und zurückhaltender, aus diesem Grund erfolgt eine Öffnung gegenüber Fremden selten und zögerlich.

---

61 Vgl. Schneewind, K und Graf, J.: Der 16-Persönlicbkeits-Faktoren-Test, Revidierte Fassung: (16 PF-R), 1998, S.62

45

2.2.3.1.2.2 Ängstlichkeit

Ebenso wie die Extraversion ist auch die Ängstlichkeit eine der fünf Dimensionen der Big Five Persönlichkeit nach Goldberg. Im 16 PF-R umfasst das Merkmal Ängstlichkeit unterschiedliche Komponenten. So kann sich Ängstlichkeit in einer hohen Besorgnis (O) oder einer hohen Anspannung (Q4) äußern. Sie kann jedoch auch in Form einer Stimmungslabilität (C-) ausgeprägt sein. Menschen mit einem hohen Wert sind verletzlich, schnell in Stresssituationen zu beunruhigen und oft Selbstzweifeln und Stimmungsschwankungen ausgesetzt. Weisen Personen niedrige Werte auf der Ängstlichkeits-Skala auf, sind sie ausgeglichener und selbstsicher, dies kann jedoch mit einer hohen Sorglosigkeit einhergehen.[62]

2.2.3.1.2.3 Selbstkontrolle

Die Selbstkontrolle setzt sich aus der Neigung, regelkonform zu handeln (G) und Perfektionismus anzustreben (Q3) zusammen. Personen, die hier einen hohen Wert aufweisen, verfügen über eine hohe Selbst- und Impulskontrolle. Normen und Werte der Gesellschaft sind nicht nur stark verinnerlicht, sondern gelten als Orientierungsrahmen, der Ordnung gibt und eingehalten werden sollte. Vereinbarungen werden eingehalte und erfüllt. Diese Personen zeichnen sich durch eine hohe Selbstdisziplin und ein genaues und systematisches Arbeiten aus. Ordnungsliebe ist ihnen wichtig und sie reagieren selten spontan oder flexibel auf Neuerungen. Im Gegenzug dazu sind Menschen mit einer niedrigen Selbstkontrolle eher ungehemmt, teilweise unorganisiert und unvorbereitet. Dies wird problematisch in Situationen, die ein bestimmtes Maß an Strukturiertheit und Selbstdisziplin erfordern.

2.2.3.1.2.4 Unabhängigkeit

Die Globalskala Unabhängigkeit beschreibt die Eigenschaft, selbständig denken zu können und das eigene Handeln konsequent daran auszurichten. Unabhängige Menschen sind eher dominant (E), selbstbewusst (O-), reserviert (A-) und sachlich (I-). Besonders in den Vordergrund tritt hier das Merkmal der Dominanz. Diese Menschen bilden sich schnell und in vielfältigen Bereichen eine eigene Meinung, die sie auch durchsetzungsfähig vertreten. Fehlt jedoch die Selbstkontrolle oder Empfänglichkeit, kann dies schnell zu Konflikten bei unterschiedlichen Meinungen führen. Anpassungsbereite Menschen hingegen zeichnen sich durch eine hohe

---

[62] Vgl. ebd.

Empfindsamkeit aus, die mit Warmherzigkeit aber auch Verletzbarkeit einhergeht. Diese Personengruppen sind jedoch auch schneller in ihrem seelischen Gleichgewicht beeinflussbar, so sind sie unsicher im Kontakt mit anderen Menschen und weisen eine höhere Anzahl an inneren Konflikten auf, als Menschen, die einen hohen Wert bei der Unabhängigkeit erreichen. Positive Seiten dieses Persönlichkeitsmerkmals sind allerdings ein hohes Verständnis und Empathie gegenüber anderen Personen, dies geht allerdings auch mit dem Wunsch nach Anpassung und Abhängigkeit von anderen Menschen einher. Konfrontationen werden unter Umständen vermieden, da diese Personen auf das Wohlwollen anderer angewiesen sind und aufgrund der Angst vor Zurückweisung Konfrontationen eher aus dem Weg gehen.[63]

2.2.3.1.2.5 Unnachgiebigkeit

Die Unnachgiebigkeit der 16 PF-R Skala misst, wie sehr Personen sich am Faktischen orientieren. Die Skala setzt sich aus unterschiedlichen Eigenschaften zusammen, Menschen, die eher unnachgiebig sind, sind als konservativ und bodenständig zu beschreiben. Ihnen ist es wichtig, „mit beiden Beinen auf dem Boden zu stehen" (M-) und sie halten stark an Gewohnten fest (Q1-). Dadurch wirken sie auf andere oftmals unflexibel, ungewöhnliche Ideen oder Sichtweisen stoßen meist auf Ablehnung. Empfindliche Menschen sind im Gegenzug besonders offen für neue Sichtweisen, sie folgen ihrer Intuition und entwickeln kreative Lösungsansätze für Probleme. Sie möchten ein möglichst breites Wissen erwerben und sind angetrieben von Neugierde. Sie sind kreativ und unkonventionell, haben jedoch teilweise Erlebnishunger und neigen zu Stimmungsschwankungen, es besteht die Gefahr, dass sie zu unbedacht handeln.[64]

2.2.3.1.3 Versuch einer Entwicklung eines geeigneten Profils für einen im Nebenerwerb Selbständigen im Bereich sozialer Dienstleistungen

Der 16 PF-R wird häufig in der Personalauswahl eingesetzt. Hier ermöglicht er es, unterschiedliche Persönlichkeitsprofile zu erheben, die dann in Abgleich mit den Anforderungen bestimmter Berufsbilder Hinweise darauf liefern können, ob das Persönlichkeitsbild zu der angestrebten Position, Branche und den Aufgaben passt. Schneewind und Graf erläutern diese Möglichkeiten exemplarisch, indem sie fünf

---

[63] Vgl. Schneewind, K und Graf, J.: Der 16-Persönlicbkeits-Faktoren-Test, Revidierte Fassung: (16 PF-R), 1998, S.64

[64] a.a.O., S. 65

verschiedene Berufsgruppen miteinander vergleichen und bestimmte Persönlichkeitsprofile identifizieren konnten, die unterschiedlichen Gruppen angehörten: die Gruppe der Arbeiter, der einfachen Angestellten oder Angestellten und Beamten mit gehobenen Tätigkeiten, Beamten und Angestellten mit hoch qualifizierter Tätigkeit (z.b. Juristen, Wissenschaftler), Selbständige im Handel, Gewerbe, Dienstleistung oder der Industrier und als letzte Gruppe die der Freiberufler und selbständiger Akademiker. Hier zeigen sich z.b. Unterschiede im logischen Schlussfolgern und der emotionalen Stabilität, in diesem Bereich weisen die leitenden Angestellten besonders hohe Werte auf. Angestellte in Leitungspositionen haben ebenfalls überdurchschnittliche Werte im Bereich der Selbstkontrolle, des Regelbewusstseins und des Perfektionismus, sie weisen außerdem eine geringere Wärme und eine geringere Geselligkeit auf. Soll der 16 PF-R nun Aufschluss geben, welches Profil für einen Selbständigen im Bereich der sozialen Dienstleistungen von Vorteil wäre, ist zuerst zu beachten, dass viele unterschiedliche Persönlichkeitsmerkmale und Profile Vor- und Nachteile haben und in dieser Ausarbeitung keine allgemeingültigen und/oder ausschließlichen Aussagen getroffen werden können. Es ist jedoch davon auszugehen, dass ein passendes Profil insbesondere hohe Werte bei der logischen Schlussfolgerung und im Bereich der Selbstkontrolle aufweisen. Dies ist zum einen notwendig, um komplexe Zusammenhänge schnell und umfassend verstehen zu können. Dies ist bei einer Existenzgründung unabdingbar, da hier neben Fachwissen auch Marketingwissen, kaufmännisches Wissen, Verwaltungshandeln sowie gute Kundenansprache usw. vorhanden sein müssen, um erfolgreich sein zu können. Eine hohe Selbstkontrolle ist insbesondere bei der Gründung im Nebenerwerb bei gleichzeitiger sozialversicherungspflichtiger Anstellung von großer Bedeutung, da ohne gutes Zeitmanagement, dem In Blick halten von Aufgaben, Arbeitspaketen und Prioritätenlisten man beiden Anforderungen nicht gerecht werden könnte. Als Selbständiger im Bereich der sozialen Dienstleistungen wäre meiner Ansicht nach aber auch ein Verständnis für Klienten und Kunden von Vorteil, die eine besondere und teilweise pädagogische Ansprache und Verständnis benötigen. Auch ein bei sonstigen Führungskräften und Selbständigen vielleicht eher hinderlicher hoher Wert des Merkmals Wärme sollte hier nicht zu gering ausfallen. Da speziell im Bereich der sozialen Dienstleistungen neben Kunden auch eine möglicherweise enge Zusammenarbeit mit Mitarbeitern anderer sozialer Dienstleistungen sowie Angehörigen notwendig sein kann, ist hier im Gegensatz zu anderen Leitungspositionen oder Firmengründern ein höherer Wert bei dem Merkmal Wärme als positiv zu werten. Am ehesten vergleichbar wäre das Profil eines Selbständigen im Bereich der sozialen Dienstleistungen wahrscheinlich mit dem einer

Führungskraft im Bereich der Sozialen - oder Gesundheitsdienstleistungen. Für diesen Bereich gibt es schon erste Praxiserfahrungen, die im Rahmen eines Modellprojektes erhoben wurden, welches schon im Transfer Report vorgestellt wurde und an dieser Stelle ebenfalls Erkenntnisse liefern kann.[65]

So hat die BiG Bildungsinstitut im Gesundheitswesen Gemeinnützige GmbH im Rahmen eines Modellprojekts, das durch den Europäischen Sozialfonds gefördert wird, den Versuch der Entwicklung eines Konzepts zur teamorientierten Personalentwicklung in der Altenpflege unternommen. Hier wurden in einem Teilprojekt unterschiedliche Arbeitsbereiche in interdisziplinären Teams hinsichtlich benötigter Kompetenzen untersucht und einzelne Kompetenzprofile für unterschiedliche Aufgaben definiert. Für Leitungen im Bereich der Altenpflege wurde z.B. für Altenheime der Sozial-Holding Mönchengladbach folgende Kompetenzen für Wohnbereichsleitungen als zielführend definiert:[66]

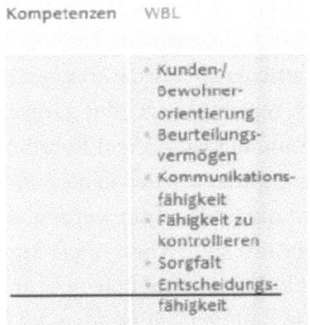

Abbildung 19: Kompetenzen WBL nach Einschätzung Sozial-Holding Mönchengladbach
Quelle: Modellprojekt BIG-Essen.de

In der Einschätzung von Fachleuten der Branche Altenpflege scheint somit neben klassischen Führungskompetenzen wie Entscheidungsfähigkeit und Fähigkeit zu kontrollieren auch sogenannten „soft skills" wie Kommunikationsfähigkeit und auch eine Orientierung auf die Kunden/Klienten von großer Bedeutung zu sein. Diese Fähigkeiten werden ebenfalls im Bereich der Existenzgründung im Sozial- oder Gesundheitswesen eine zentrale Rolle spielen, da die Klienten hier oftmals

---

[65] Vgl. Grützmacher, Christoph: Transferreport Personalmanagement, S. 10 ff.
[66] Vgl.http://www.big-essen.de/fileadmin/bigdata/PDF_Dateien/TOP/TOP_Projektbericht_BiG.pdf (stand 13.08.2017)

ebenfalls zwar Empfänger von Hilfeleistungen sind, teilweise aber die Leistung nicht beauftragen/einkaufen und so eine gute Kommunikation zwischen Kostenträger, Angehörigen und Klienten notwendig sein wird. Zum anderen wird eine funktionierende Unterstützung und Hilfeleistung jedoch meist nur durch Kooperation der Klienten und eine gute Zusammenarbeit zu erwirken sein, sodass Kompetenzen, die dies befördern, als besonders zielführend bei der Existenzgründung in dieser Branche angesehen werden müssen. Dies gilt insbesondere vor dem Hintergrund, dass ein Solo-Selbständiger die angebotenen Dienstleistungen – insbesondere zu Beginn der Existenzgründung – auch selbst erbringt und nicht nur managt oder koordiniert. Neben Werten, die besonders förderlich für eine Selbständigkeit in diesem Bereich zu sein scheinen, gibt es jedoch auch Werte, die einer gelingenden Gründung eher hinderlich sein könnten. Hohe Werte im Bereich der Extraversion, Lebhaftigkeit und Unangepasstheit deuten z.B. eher auf kreative Entwicklertypen hin, die in das Bild der Existenzgründer in diesem Bereich eher nicht passen würden, sie würden wahrscheinlich eher im Bereich der kreativen Start Ups der Medienszene zu finden sein und sich dort erfolgreich einbringen können. Bei der Erbringung von sozialen Dienstleistungen, die oftmals mit bürokratischen Kostenerstattungsverfahren einhergehen und staatlich reglementiert oder geregelt sind, ist eher Pragmatismus und die Fähigkeit zur Kommunikation und Koordinierung angebracht. Persönlichkeitstypen mit diesen Strukturen würden in diesem System wahrscheinlich eher scheitern. Hier sollte somit darauf geachtet werden, dass ein nicht zu hoher Wert vorliegt bzw. wenn dieser vorliegt sollten besondere Strategien im Umgang mit den oben genannten Problematiken im Vorfeld (z.B. in Gründungscoachings oder Beratungsprozessen) erörtert und entwickelt werden. Im Gegensatz dazu dürfen aber auch die Werte bei der Unabhängigkeit und der Extraversion nicht zu niedrig oder bei der Ängstlichkeit zu hoch sein. Da Selbständige Entscheidungen treffen müssen und Konflikten nicht aus dem Weg gehen dürfen, wären hier Personen, die eher emotional instabil, selbstunsicher und wenig flexibel sind, nicht geeignet für eine Solo-Selbständigkeit, die u.a. auch das Verhandeln von Kostensätzen, Werbung für die eigene Dienstleistung sowie Marketing und Netzwerkarbeit beinhaltet. Da es sich um eine Selbständigkeit in dem Sektor der sozialen Dienstleistungen handelt, ist jedoch auch ein sehr hoher Wert bei der Dominanz, der Unabhängigkeit und der Unnachgiebigkeit nicht unbedingt geeignet. Zwar sind diese Personengruppen emotional stabil und sicher sowie kompetent im Umgang mit anderen Personen und in der Lage, Probleme sachorientiert zu lösen. Bei einer zu hohen Dominanz und Selbstüberzeugtheit könnte das Agieren mit Kunden, Kostenträgern, Angehörigen usw. jedoch erschwert werden.

2.2.3.1.4 Umgang mit nicht passendem Persönlichkeitsprofils am Beispiel des eigenen 16 PF-R Profils

Deutschland ist kein Gründungsland, dies konnte in den vorherigen Punkten schon skizziert werden. Was jedoch ist die Schlussfolgerung, wenn es den Wunsch nach einer Selbständigkeit und eine gute Geschäftsidee gibt, die Persönlichkeitsstruktur jedoch nicht idealerweise dem einer erfolgreichen Gründungspersönlichkeit entspricht? Von der Gründungsidee einfach ablassen und weiterhin in einer sozialversicherungspflichtigen Festanstellung zu verharren, kann hier nicht die Lösung sein. Ein Lösungsvorschlag soll unter Berücksichtigung meines eigenen Persönlichkeitsprofils, das ebenfalls im Rahmen des Steinbeis Studiums erhoben wurde, erarbeitet werden und in einem zweiten Schritt sollen Schlussfolgerungen für den gesamten Bereich der Solo-Selbständigen im Bereich der sozialen Dienstleistungen getroffen werden

Bezogen auf mein eigenes Profil weisen die Werte logische Schlussfolgerung, emotionale Instabilität, Unangepasstheit, Bodenständigkeit, Flexibilität und Entspannung mit je einem Punktefaktor von 5 auf der Stenskala auf eine durchschnittliche Ausprägung hin. Auch die Werte für Sachlichkeit und Gelassenheit weißen mit je 6 Punkten große Übereinstimmung mit den mehrheitlichen Antworten der Stichprobe auf und liegen im Mittelfeld der Gaußschen Normalverteilung. Aufschluss über spezifisch stärker als im Normbereich ausgeprägte Charaktermerkmale liefern auf der Primärskala die Werte für:

A Reserviertheit/Wärme (3),

E Nachgiebigkeit/Dominanz (3)

F Ernsthaftigkeit/Lebhaftigkeit (3)

H Schüchternheit/Soziale Kompetenz (3)

L Vertrauen/Wachsamkeit (7)

O Selbstsicherheit/Besorgtheit (8,)

Q2 Soziale Orientierung/Selbstgenügsamkeit (7)

Auf der Globalskala lässt sich ein niedriger Wert bei I Introversion/Extraversion (3) sowie ein etwas niedrigerer Wert bei IV Anpassungsbereitschaft/ Unabhängigkeit (4) sowie ein etwas höherer Wert bei V Empfänglichkeit/ Unnachgiebigkeit (7) feststellen.

Die Globalskala zeigt bei mir eine starke Introversion, die mit einem erhöhten Wert bei Unnachgiebigkeit (7) und einer leicht ausgeprägten Ängstlichkeit (6) einhergeht, wobei die Werte für Gelassenheit, Unbeherrschtheit und Anpassungsbereitschaft jeweils im Normbereich liegen. Die geplante Selbständigkeit im Bereich der sozialen Dienstleistungen umfasst vor allem Betreuungstätigkeiten im Sinne von Case Management und koordinierender Funktion von Hilfsangeboten sowie Betreuungen als amtlich bestellter Berufsbetreuer. Die Auswertung meines Profils zeigt, dass die Idee einer Selbständigkeit, die zu 70-80% aus Verwaltungstätigkeiten für zu Betreuende besteht, aufgrund dieses hohen Verwaltungsaufwandes eine Persönlichkeit benötigt, die gut alleine im Hintergrund arbeiten kann. Der hohe Wert bei der Selbstgenügsamkeit, ein durchschnittlich ausgeprägtes Regelbewusstsein und Selbstkontrolle zeigen, dass das selbständige Arbeiten auch ohne tägliche Teamarbeit zu meiner Person passt, das selbst einteilen von Arbeit und Zeiten aufgrund normaler Selbstkontrolle und Regelbewusstsein für meine Persönlichkeit kein Problem darstellen würde. In Verbindung mit einem hohen Wert bei Unnachgiebigkeit ergibt sich eine eher distanzierte und eher schüchterne Persönlichkeit, die sich durch Ordnungsstreben und Vernunftorientierung auszeichnet und klare Arbeitsaufträge bevorzugt. Klare und systematische Arbeitsaufträge wären z.B. die in unterschiedliche Bereiche aufgeteilten Bereiche der Betreuung, denen rechtlich unterschiedliche, vordefinierte Aufgaben zugeordnet werden. Hier zeigt sich jedoch auch eine mögliche Schwäche im Bereich der Existenzgründung, vor allem, wenn es darum geht, sich verstärkt für Klienten oder gegen Kostenträger durchzusetzen. Hier wäre insbesondere zu prüfen, inwieweit die Fähigkeit, für sich vor anderen zu sprechen und Argumente selbstsicher zu "verkaufen" in Teilen trainiert werden kann. Hier könnte ein psychologisches Gründercoaching ansetzen, in dem trainiert wird, die Existenzgründungsidee überzeugend zu präsentieren. Kommunikationstrainings könnten ebenfalls hilfreich sein, um diese Kompetenzen weiter auszubauen. Mit Blick auf die Primärskalen ergibt sich eine hohe Reserviertheit, die daraufhin deutet, dass ich auch gut alleine arbeiten kann und eine eher vorsichtige als impulsive Zugehens weise auf andere habe. Der hohe Wert der Nachgiebigkeit, der sich in kooperativem und sich selbst für andere zurücksteckendem Verhalten äußert, ist wahrscheinlich auch auf die über zehnjährige Tätigkeit von mir im caritativen Bereich (Altenpflege) zurückzuführen. Die im Berufsleben wirkenden Einflussfaktoren werden auch als tertiäre Sozialisation bezeichnet. Dies meint laut Spektrum der Wissenschaft die

„Phase der Sozialisation, in der vor allem berufliche und organisationale Einflüsse wirksam werden. Dabei wirken sowohl der Prozeß der Selektion des Berufes als auch der Sozialisationsprozeß durch die Arbeitstätigkeit selbst (Persönlichkeit)."[67]

Mehrjährige Berufserfahrung im Bereich der Altenpflege wirkt sich auch durch eine mehrjährige Beeinflussung der eigenen Person aufgrund gestellter Erwartungen und Haltungen an einen examinierten Altenpfleger aus. So ist. z.b. die Bereitschaft, auch kurzfristig bei Erkrankungen von Kollegen einzuspringen und spontan zum Wohl der Klienten Einsatzbereitschaft zu zeigen, über das normale Maß im Berufsleben hinaus gefordert. Dies hat Auswirkungen, wie der 16 PF-R aufzeigt. Im Bereich der Selbständigkeit ist insbesondere ein hoher Wert an Nachgiebigkeit jedoch als Risikofaktor für das eigene Unternehmen zu werten. Insbesondere bei besonders fordernden und zum Teil übergriffigen Klienten oder auch ggf. bei Zahlungsunfähigkeit bei geleisteter Dienstleistung ist eine hohe Nachgiebigkeit unter Umständen sogar geschäftsschädigend. Hier ist zu prüfen, inwiefern durch Persönlichkeitsentwicklung das Selbstbewusstsein gestärkt, Kommunikationskompetenzen ausgebaut und Durchsetzungsfähigkeit verbessert werden können. Auf gezielte Instrumente der Persönlichkeits-entwicklung wird im Folgenden eingegangen.

2.2.3.1.5 Möglichkeiten der Persönlichkeitsentwicklung

Bevor ausgewählte Instrumente zu Einflussmöglichkeiten auf die Persönlichkeitsentwicklung vorgestellt werden, ist anzumerken, dass die Möglichkeit der Persönlichkeitsentwicklung stetig diskutiert wird. Auch Anja Oberländer hat sich in ihrer 2017 veröffentlichten Dissertation „Entwicklung unternehmerischer Persönlichkeiten bei Existenz-gründungen aus der Arbeitslosigkeit"[68] für diese bestimmte Zielgruppe beispielsweise gefragt, ob und inwiefern sich im Rahmen der Entwicklung der unternehmerischen Persönlichkeit die Persönlichkeit eines Menschen überhaupt als entwickel- bzw. veränderbar darstellt. Diese Frage ist nicht abschließend zu klären, da z.b. gemäß der Selektionshypothese Eigenschaften unternehmerischen Handelns quasi als Motor und Ursache für eine Selbständigkeit angesehen wird – ohne diese Eigenschaften wäre die Idee der Existenzgründung gemäß dieser Hypothese nicht erfolgt. Im Gegensatz dazu geht die Sozialhypothese gemäß

---

[67]   http://www.spektrum.de/lexikon/psychologie/tertiaere-sozialisation/15426 (Stand 03.08.2017)

[68]   Vgl.https://kops.uni-konstanz.de/bitstream/handle/123456789/39131/Oberlaender_0-408263.pdf?sequence=3&isAllowed=y (Stand 05.08.2017)

Oberländer davon aus, dass sich bestimmte Eigenschaften während dem unternehmerischen Handeln ausbilden und quasi während der Selbständigkeit aufgrund der Notwendigkeit entwickelt werden.[69] Doch was genau ist eine Persönlichkeitsentwicklung? Oberländer stellt fest, dass besonders eigenschaftstheoretische Ansätze eine genauere Definition ermöglichen und zitiert hier Asendorpf:

> „Ändern sich einzelne Eigenschaftswerte einer Person, ändert sich auch ihre Persönlichkeit im Sinne der Gesamtheit aller Persönlichkeitseigenschaften: Persönlichkeitsentwicklung hat stattgefunden."[70]

Das Persönlichkeitsentwicklung nicht mit der Volljährigkeit endet, sondern als lebenslang anhaltender Prozess verstanden werden muss, ist wissenschaftlich mittlerweile fast einvernehmlich anerkannt. Laut Oberländer ist jedoch der tatsächliche Nachweis einer Persönlichkeitsentwicklung schwierig zu erbringen, da diese Entwicklung mit wissenschaftlichen Methoden nur schwer messbar ist. Ebenfalls führt gemäß ihrer Ausarbeitung die Frage nach der Entwickelbarkeit von Persönlichkeit auch zu Fragen gemäß Lerntheorien, die kritisch äußern, das nicht jedes Individuum im gleichen Umfang entwickelt werden kann. Es muss ein dynamisches Erklärungsmodell genutzt werden, dass den Einfluss eigener Anlagen sowie das Zusammenwirken mit der Umwelt als beeinflussende Faktoren sieht.[71] Sie betont, dass laut Braukmann und Schneider

> „den verschiedenen Persönlichkeitseigenschaften anlagebedingte Grenzen gesetzt sind, die von Merkmal zu Merkmal, aber auch von Person zu Person stark unterschiedlich ausfallen".[72]

Ebenfalls betont Oberländer, dass bei der Konzeption von Angeboten in diesem Bereich beachtet werden muss, dass Eigenschaften, die auf kognitiver oder sozialer Ebene gefördert werden können, in größerem Umfang und schneller entwickelt werden können, als Eigenschaften auf affektiver Ebene. Voraussetzung für beides ist jedoch der Entwicklungswille des jeweiligen Klienten und ein gewisses Maß an Selbstreflexion. Bezieht man diese Erkenntnisse auf den 16 PF-R und die von mir beispielhaft vorgestellten Ergebnisse, würden wahrscheinlich insbesondere die

---

[69] Vgl. ebd. S. 114 ff.

[70] Vgl. ebd. S. 115

[71] Vgl.https://kops.uni-konstanz.de/bitstream/handle/123456789/39131/Oberlaender_0-408263.pdf?sequence=3&isAllowed=y S. 110 ff. (Stand 05.08.2017)

[72] Vgl. ebd.

Kommunikationsfähigkeit und die Durchsetzungsfähigkeit im Sinne von Verhand-
lungsmanagements-kompetenzen zu entwickeln, während die Introvertiertheit an
sich wahrscheinlich ein festeres Persönlichkeitsmerkmal wäre. Oberländer weist
darauf hin, dass vor allem ein Bezug zu der geplanten Gründung hergestellt werden
muss. Für die jeweilige Persönlichkeit und den Bereich, in dem gegründet wird,
müssten passende Strategien entwickelt werden. Als grundsätzlich zu trainierende
Fähigkeiten sieht sie, wenn diese nicht ausreichend vorliegen, die Stärkung der
Selbstführungskompetenz, unternehmerisches Selbstvertrauen, angemessene
Frustrationstoleranz sowie eine höhere Ambiguitätstoleranz und eine gute Ein-
schätzungsfähigkeit von Risiken sowie sozial-kommunikative Fähigkeiten an.[73]
Sieht man sich jedoch die bestehenden Angebote für Existenzgründer an, stellt man
schnell fest, dass es einen sehr unübersichtlichen Markt an Möglichkeiten gibt, der
von staatlich geförderten Programmen und Angeboten, z.B. von der KfW oder der
IHK über Angebote für bestimmte Zielgruppen (Start-Ups, Langzeitarbeitslose,
Frauen usw.) bis hin zu privaten Coaching-Angeboten von Coaches, Freiberuflern
usw. reicht. So listet z.B. die Förderdatenbank bei der Suche nach Angeboten für
Existenzgründern im gesamten Bundesgebiet insgesamt 222 Vorschläge auf.[74]
Schwerpunkt vieler dieser Angebote ist jedoch das Abklären der Gründungsidee
auf Marktfähigkeit, Wirtschaftlichkeit oder die Unterstützung bei rechtlichen, or-
ganisatorischen oder finanziellen Fragestellungen sowie Hilfe bei der Beschaffung
von Gründungsdarlehen oder –Zuschüssen. Im speziellen Bereich der Persönlichkeitsentwicklung werden verstärkt Gründungscoachings angeboten. Auch hier ist
jedoch vor Buchung eines Angebotes die Zielsetzung zu klären. Zu beachten ist,
dass eine exakte Trennung von Coaches, Beratern oder Consulting nicht stattfindet.
Jedoch wird der Begriff Coaching oft im psychologischen Bereich verwandt. Geht
es um spezielle Persönlichkeitsentwicklung in Verbindung mit einer Existenzgründung, ist vor allem das Business Coaching die richtige Beratungsform. Zu beachten
ist hierbei, dass es sich um psychologisch ausgebildete Fachkräfte oder Branchen-
experten handeln kann, sodass je nach Ausrichtung auf eine Wirtschaftsberatung
oder eine psychologische Unterstützungsform die Ausbildung des Coaches eine

---

[73] Vgl. a.a.O. 303 ff.
[74] Vgl.http://www.foerderdatenbank.de/Foerder-DB/Navigation/Foerderrecher-
che/suche.html?get=0476b0cd395e4757a71513c8656188e9%3Bsearch%3Bindex&typ=qk
&act=exe&clt=Y&gbt=&brh=&brt=1&art=&gbrb=1&gbrl=2&qry=&ex-
ecsrh=Finden&cgparam.formCharset=ISO-8859-1 (Stand 10.08.2017)

große Rolle spielt. Ziele sind z.B. Verbesserung der Selbstwahrnehmung, Potenzialanalyse und Ausbau von z.B. unterentwickelten Fähigkeiten. Zu beachten ist jedoch ebenfalls, dass insbesondere im Bereich der privatwirtschaftlichen Dienstleistung der Begriff des Coachings nicht geschützt ist und jeder grundsätzlich diese Dienstleistungen anbieten kann.[75] Trotzdem kann das Aufsuchen von Privatanbietern oder auch Institutionen der Privatwirtschaft oder Fortbildungsakademien von Universitäten usw. zielführend sein, da insbesondere die Angebote der IHK, der KfW und des Europäischen Sozialfonds eine sehr starke Ausrichtung auf der marktwirtschaftlichen Bewertung haben. Auch Oberländer betont die große Heterogenität der Angebote in Deutschland, besonders in Ballungsgebieten und in Gebieten mit hoher Arbeitslosigkeit finden sich häufig staatlich geförderte Unterstützungsangebote. Sie unterschieden sich vor allem in der Form der Angebote wie kurze Informationsveranstaltungen von einigen Stunden bis hin zu zwei Tagen, kurze Qualifizierungsangebote bis zu zwei Wochen und längere sowie mehrmonatige Angebote, die dann aber eher für die Zielgruppe der erwerbssuchenden Menschen angeboten werden.[76] Da die Bedeutung von Existenzgründungen für Deutschland groß ist und es zahlreiche Förderungen gibt, hat sich auch das Beraten und Qualifizieren von Existenzgründern zu einem lukrativen Markt entwickelt. Oftmals finden sich Gründungsberater auch in Sparkassen oder Banken, bei der IHK, in Gründungszentren oder als freiberuflich Tätige. Es wäre wünschenswert, dass die angefangene Strategie, schlechte Beratungsangebote durch Qualitätssicherung oder Zertifikate zu unterbinden, weiter ausgebaut wird. Bis dies der Fall ist, sind insbesondere staatliche Angebote oder Angebote von Fortbildungsakademien, Universtäten oder Banken/Gründerzentren zu empfehlen, deren Beratung bezuschusst wird. In Nordrhein-Westfalen gibt es derzeit vier Fördermöglichkeiten, von denen zwei jedoch nur für einen begrenzten Kreis sind (Hausärzte und Gründungen nach Abschluss der Meisterprüfung im Handwerk). Nicht speziell für Gründer ist die Beratung zum Talentkompass, die über den Europäischen Sozialfonds und das Land NRW finanziert wird. Das Arbeitsministerium stellt mit diesem Instrument eine Dienstleistung zur Verfügung, die

---

[75] Vgl. http://www.franchiseportal.de/wissen-fuer-gruender/glossar/coaching-a-4899.html (Stand 10.08.2017)

[76] Vgl.https://kops.uni-konstanz.de/bitstream/handle/123456789/39131/Oberlaender_0-408263.pdf?sequence=3&isAllowed=y S. 307 f. (Stand 05.08.2017)

„Menschen mit unterschiedlichen Qualifikationen und in unterschiedlichen beruflichen Situationen nutzen können. Der Talent Kompass NRW, gefördert aus Mitteln des ESF, lässt sich insbesondere im Rahmen der „Beratung zur beruflichen Entwicklung" (BBE) erfolgreich einsetzen. Auch bei der Anerkennung von im Ausland erworbenen Berufsqualifikationen kann er unterstützend eingesetzt werden."[77]

Im Rahmen der Stiftung Warentest wurde das Verfahren zur Kompetenzbilanz außerdem als besonders wirksam herausgestellt, da es begleitend Coaching und Beratung kostenlos anbietet und bei der Feststellung persönlich-biographische Erfahrungen berücksichtigt. Mit den erhobenen Kompetenzen können Ziele für den folgenden beruflichen Werdegang sowie ein Arbeitsplan mit Meilensteinen und einer Planung zur Zielerreichung erarbeitet werden.[78] Weitere Instrumente sind das Beratungsprogramm Wirtschaft NRW, das vor einer erfolgten Existenzgründung in der Vorplanungsphase berät und Gründungskonzepte vor der Realisierung kritisch überprüft. Da diese Überprüfung jedoch meist eher in Richtung Prüfung der Wirtschaftlichkeit zielt, wird dieser Punkt unter Punkt 2.2.3.2.2 (Businessplanung) vertieft betrachtet.

Wichtig hierbei ist jedoch, dass die Beratung auf einen Vollerwerb abzielt und die potentiellen Existenzgründer mit dem Plan, im Nebenerwerb zu gründen, unter Umständen ausschließt. Gefördert werden:

„Vorhaben zur Gründung oder Übernahme eines Unternehmens oder zur mehrheitlichen Beteiligung an einem Unternehmen. Ziel ist es, Gründungen verstärkt auf innovative Geschäftsmodelle, Produkte und Dienstleistungen auszurichten sowie die Chancen für die Schaffung neuer sowie die Sicherung bestehender Arbeits- und Ausbildungsplätze zu erhöhen."[79]

Ein Förderangebot, dass nach der Gründung ansetzt und das Angebot des Landes Nordrhein-Westfalen ergänzt, ist die bundesweit verfügbare Bafa-Beratung. Dieses Programm ist ein neues Förderprogramm mit dem Namen „Förderung unternehmerischen Know-hows" und

---

[77] https://www.mais.nrw/talentkompass (Stand 12.08.2017)

[78] Ebd.

[79] Vgl.http://www.foerderdatenbank.de/Foerder-DB/Navigation/Foerderrecherche/suche.html?get=0476b0cd395e4757a71513c8656188e9;views;document&doc=8709 (Stand 14.08.2017)

„fasst die bisherigen Programme „Förderung unternehmerischen Know-hows durch Unternehmensberatung", „Gründercoaching Deutschland", „Turn-Around-Beratung" und „Runder Tisch" zusammen. Zuständig für die Umsetzung des Programms ist das Bundesamt für Wirtschaft und Ausfuhrkontrolle (BAFA). Die Maßnahme wird aus dem Europäischen Sozialfonds (ESF) der Europäischen Union kofinanziert."[80]

Auch diese Beratung ist jedoch eher im Bereich der Businessplanung anzusehen und wird deswegen im Folgenden näher betrachtet. Mit Blick auf die privaten Anbieter bleibt festzustellen, dass diese vor Beauftragung besonders intensiv bezüglich ihrer Qualifikationen geprüft werden sollten, das In Anspruch nehmen solch einer Dienstleistung aber sinnvoll ist, wenn bei Tests wie dem 16 PF-R oder auch einer Kompetenzmessung Eigenschaften festgestellt wurden, die bei einer Gründung eher hinderlich sein könnten und an denen im Rahmen von Persönlichkeitsentwicklungsprozessen wie z.B. psychologisch ausgerichtetem Coaching gearbeitet werden sollte.

2.2.3.2 Gründungen im Nebenerwerb - Existenzängste

Nebenerwerbsgründungen sind häufig Kleinstgründungen. Die Finanzierung ist ein oft genannter Grund, warum Unternehmen seit dem Zeitpunkt der Existenzgründung Schwierigkeiten haben und möglicherweise scheitern. Hier ist es von großer Bedeutung, Kenntnis zu erlangen, wie hoch bei Nebenerwerbsgründungen das Startkapital ist. Bei ca. einem Drittel der Befragten wurde kein Startkapital benötigt, bei weiteren 45 Prozent wurde zwar ein Startkapital benutzt, dies lag aber unter 5000 Euro. Somit starteten mehr als drei Viertel mit weniger als 5000 € Startkapital zu Beginn ihrer Existenzgründung. Dieses geringe Startkapital ist möglicherweise eine Erklärung dafür, dass Finanzierungsschwierigkeiten zu Beginn nur bei einem sehr geringen Teil der Gründer bestanden haben.[81] Auch hier lassen sich geschlechtsspezifische Unterschiede feststellen, so setzen 80 Prozent der weiblichen Befragten weniger als 5000 Euro ein, Männer zu 71,6 Prozent. Dafür setzen jedoch 8,4 Prozent der Männer, die im Nebenerwerb gründen, mehr als 25.000 Euro ein, dies trifft nur auf 2,4 Prozent der Frauen zu.

---

[80] Vgl.http://www.bafa.de/DE/Wirtschafts_Mittelstandsfoerderung/ Beratung_Finanzierung/Unternehmensberatung/unternehmensberatung_node.html;jsessionid=BCD-DADF1ED93D7DA93B0A71BCBBA6C3F.1_cid387 (Stand 15.07.2017)

[81] Vgl.http://www.bmwi.de/Redaktion/DE/Publikationen/Studien/beweggruende-und-erfolgsfaktoren-bei-gruendungen-im-nebenerwerb.html, S. 110 ff. (Stand 15.08.2017)

Ebenfalls auffällig ist, dass ein Großteil bei Darlehen oder Fremdmitteln auf Familienangehörige usw. zurück greift. Förderkredite nutzen nur jeder 7.-8.[82] Dies kann jedoch dazu führen, dass eine engmaschige Prüfung des Finanzplans nicht oder nur unzureichend erfolgt, da dieser meist im Rahmen einer Businessplanung bei Banken, Sparkassen, Gründerzentren, Business Coaches oder der IHK/KfW angeboten werden.

Die Angst vor dem Scheitern und die damit verbundenen Existenzängste lähmen, wie unter Punkt 2.1 schon näher beschrieben, viele Gründungsinteressierte, Deutschland weist laut dem Amway Global Entrepreneurship Report von 2015 einen Negativtrend auf. Vor allem bei Solo-Selbständigen scheint der Schluss nahe zu liegen, im Nebenerwerb zu gründen, um finanzielle Risiken klein zu halten. Dies kann ein Vorteil sein, kann aber ebenfalls zum großen Nachteil gereichen. Durch die Absicherung durch den Hauptjob entfallen wichtige detaillierte Vorplanungen und möglicherweise werden auch Finanzkalkulationen für angebotene Produkte eher grob festgelegt, als realistisch berechnet.

2.2.3.2.1 Bearbeitung finanzieller Existenzängste durch Businessplanung

Die INMIT-Studie befragte insbesondere die Nebenerwerbsselbständigen, welche Faktoren bei der Gründung besonders wichtig waren. Neben guter Organisationsfähigkeit, Zeitmanagement Disziplin oder Durchhaltevermögen tauchen auch Merkmale wie kaufmännische Qualifikationen, unternehmerisches Handeln und ein durchdachtes Persönlichkeitskonzept gehäuft auf. Das unternehmerische Handeln scheint eine zentrale Rolle zu spielen. Bei der Frage nach den Problemen zeigt sich jedoch eine Diskrepanz zwischen Selbst- und Fremdwahrnehmung der Befragten. So geben die Befragten als problematisch z.B. neben der verständlichen Antwort der Doppelbelastung durch abhängige Beschäftigung auch vor allem die schwierige Kunden- und Auftragsakquise an. Sie betonen jedoch in der Mehrheit der Ansicht zu sein, nicht zu wenig ausgereifte Geschäftsidee zu haben, zu geringe Markt- und Kundenkenntnisse aufzuweisen oder zu geringes kaufmännisches Wissen zu besitzen.[83] Wäre eine genaue Marktanalyse und das Aufstellen eines detaillierten Existenzgründungsplans im Vorfeld erfolgt, wäre fraglich, inwiefern insbesondere die Kunden- und Auftragsakquise und die hohe Arbeitsbelastung genannt würden. Eine hohe Arbeitsbelastung müsste sich bei genauer Kalkulation der

---

[82] Vgl. ebd.
[83] Vgl. a.a.O., S. 117 ff.

Dienstleistung ja in höheren Einnahmen niederschlagen und eine zügige Reduzierung der Festanstellung ermöglichen. Experten erklären dies damit, dass diese der Ansicht sind, dass insbesondere bei Selbständigkeiten im Nebenerwerb oftmals wenig ausgereifte Geschäftsideen, rudimentäre Planung und Kalkulation und fehlendes unternehmerisches Handeln vorhanden ist.[84] Hier bietet sich durch Nutzung von Existenzgründungsplanungsinstrumenten in der Vorgründungsphase auch im Bereich der Nebenerwerbsgründungen ein großes Potential, um Existenzängste durch realistische Kalkulationen und Marktanalysen zu reduzieren und von Beginn an mit realistischen und notwendigen Preisen zu kalkulieren, die auch ein wirtschaftlich adäquates Selbständig Sein ermöglichen und nicht möglicherweise eine Art Doppeljob in Anstellung und Selbständigkeit durch zu geringe Einnahmen und prekäre Rahmenbedingungen fördern. Um dies zu verhindern, ist das Erstellen eines umfassenden Businessplans empfehlenswert, auch wenn dies für die Finanzierung der Gründung im Nebenerwerb nicht zwangsläufig Voraussetzung ist. In NRW werden Gründer u.a. durch die STARTERCENTER NRW unterstützt. Insgesamt beraten 76 Stellen bei Fragen zur Existenzgründung, Träger sind hierbei Handwerkskammern, Industrie- und Handelskammern und kommunale Wirtschaftsförderungen.[85] Die Startercenter empfehlen das Erstellen eines Businessplans auf ca. 20-30 Seiten, der das Gründungskonzept deutlich darstellt. Neben einem Textteil, der das Geschäftskonzept darstellt, sollte er ebenfalls einen Zahlenteil enthalten, der Planberechnungen zu Bedarf an Kapital, Finanzplanung usw. aufweist. Idealerweise setzt sich ein Businessplan ausfolgenden Inhalten zusammen:

- Kurzbeschreibung
- Gründerperson
- Gründungs- und Unternehmensform
- Produkt- und Leistungsangebot
- Markt, Standort und Wettbewerb
- Marketing und Vertrieb
- Betriebsorganisation und Personal
- Steuern und Versicherungen
- Investitionsplanung und Kapitalbedarf

---

[84] Vgl. ebd.
[85] Vgl. http://www.startercenter.nrw.de/startercenter.html (Stand 18.8.2017)

- Umsatz- und Ergebnisplanung

- Liquiditätsplanung

- Risikoanalyse

- Zeitplanung[86]

Eine in diesem Umfang aufgestellte Planung ist in der Lage, unbegründete Ängste zu reduzieren, aber auch, nicht oder unvollständig durchdachte Gründungsideen noch einmal deutlich auf ihre Machbarkeit zu untersuchen. Beispielhaft wird im folgenden Punkt anhand der Kalkulation und der Markt-/Standort- und Wettbewerbsanalyse aufgezeigt, wie eine differenzierte Analyse im Bereich der sozialen Dienstleistungen erfolgen kann, ohne natürlich Anspruch auf Vollständigkeit zu erheben.

2.2.3.2.2 Instrumente der Businessplanung am Beispiel der eigenen Gründungsidee

Im Folgenden soll aufgezeigt werden, wie durch eine SWOT-Analyse und durch eine Zeit- und Finanzplanung eine Gründungsidee im Bereich der sozialen Dienstleistungen so konkretisiert werden kann, dass eine Doppelbelastung zeitlich berechnet und geplant werden kann und man von einem tragfähigen Aufbau einer Existenzgründung sprechen kann, die vom Markt voraussichtlich auch nachgefragt wird. Da der Schwerpunkt der sozialen Dienstleistungen zu Beginn den Bereich der rechtlichen Betreuungen einnehmen wird, wird dieses Beispiel vor allem mit Kostensätzen und Beispielen aus dem Betreuungsbereich arbeiten. Ist man als Berufsbetreuer tätig, erzielt man Einkünfte aus sonstiger selbständiger Arbeit. Die Entscheidung vom Bundesfinanzhof bestätigt, dass „Berufsbetreuer keine Einkünfte aus Gewerbebetrieben erzielen, sondern solche aus selbständiger Arbeit"[87] Aus diesem Grund sollte, wie von der Mehrzahl der hauptberuflich tätigen Berufsbetreuer auch angewandt, die Rechtsform des Einzelunternehmens gewählt werden. Um zu ergründen, ob ein Bedarf an weiteren Berufsbetreuern im Oberbergischen Raum besteht und die Idee der Selbständigkeit tragfähig ist, werden anhand einer SWOT-Analyse, die im Rahmen des Studientransferreports „Betriebswirtschaft" entstanden ist,[88] die Stärken und Schwächen sowie Chancen und Gefahren einer

---

[86]   Vgl.http://www.startercenter.nrw.de/unternehmensgruendung/businessplan/ bestand-teile.html (Stand 18.08.2017)

[87]   http://www.bundesanzeiger-verlag.de/betreuung/wiki/Berufsbetreuer (Stand 19.08.2017)

[88]   Vgl. Grützmacher, Christoph: Transferreport Betriebswirtschaftslehre

Gründung einer Berufsbetreuung im Oberbergischen durch die Abbildung zur SWOT-Analyse auf der nächsten Seite aufgezeigt:

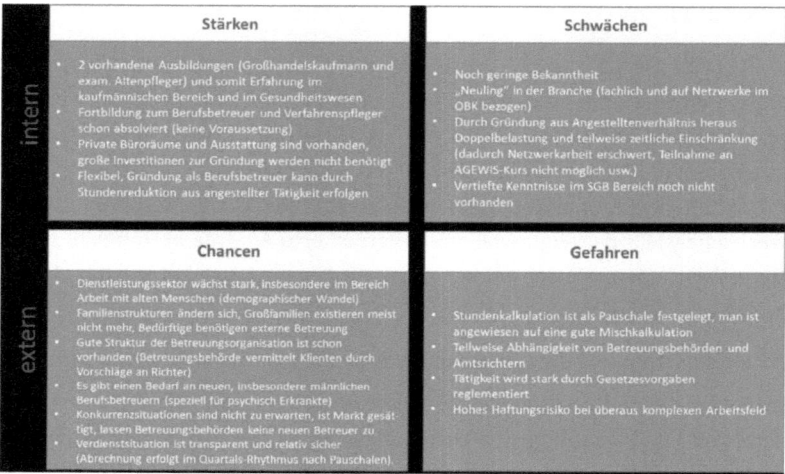

Abbildung 20: SWOT-Analyse
Quelle: Eigener Entwurf

2.2.3.2.2.1 SWOT Analyse: Stärken

Laut dem Bundesanzeiger gehören „zu den wünschenswerten Kenntnissen (...) solche auf den Gebieten des Rechtes (Betreuungsrecht, Zivilrecht, Sozialrecht) insbesondere medizinische und psychologische Kenntnisse, darüber hinaus Kenntnisse der Buchführung sowie Erfahrung im Umgang mit Behörden und die Fähigkeit, juristisch und medizinisch geprägten Schriftverkehr zu verstehen. Die Berufsverbände haben sich auf ein gemeinsames Berufsbild geeinigt. Rund 80 % aller Berufsbetreuer verfügen nach Umfragen der Berufsverbände über eine akademische Ausbildung."[89] Durch zwei vorhandene Ausbildungen (Großhandelskaufmann und exam. Altenpfleger) und somit Erfahrung im kaufmännischen Bereich und im Gesundheitswesen sowie dem begonnenen Studium im Bereich Sozialmanagement wäre mein Stellenprofil für die Tätigkeit passend. Ich bin interdisziplinär aufgestellt und habe insbesondere im stark nachgefragten Gesundheitsbereich (alte Menschen/Menschen mit Behinderung usw.) fachliche Erfahrung. Die Fortbildung zum Berufsbetreuer und Verfahrenspfleger habe ich ebenfalls schon absolviert. Es

---

[89] http://www.bundesanzeiger-verlag.de/betreuung/wiki/Berufsbetreuer (Stand 14.08.2017)

gibt keinen Ausbildungsberuf zum Berufsbetreuer, Fortbildungen sind je nach Kreiszugehörigkeit parallel zur Selbständigkeit durchzuführen, diese Kenntnisse sind bei mir schon vorhanden. Es bestanden erste Kontakte zur Betreuungsbehörde, geraten wurde eine Gründung aus der Anstellung heraus. Ein Aufbau eines Berufsbetreuungsbüros wäre flexibel möglich, da ich meine Arbeitsstelle aufgrund des Studiums auf eine 30-Stunden-Stelle reduziert habe und weiter reduzieren könnte. Büroräume und Ausstattung sind schon vorhanden und große Investitionen werden zur Gründung nicht benötigt.

2.2.3.2.2.2   SWOT Analyse: Schwächen

Als Neueinsteiger bin ich noch wenig bekannt und fachlich sowie bezogen auf meine Netzwerke „Neuling" im Oberbergischen Kreis. Durch eine Gründung aus dem Angestelltenverhältnis heraus neben dem Studium kann außerdem eine Doppelbelastung und teilweise zeitliche Einschränkungen entstehen. Dies erschwert weitere Netzwerkarbeit. Eine Teilnahme am AGEWIS-Kurs zur Berufsbetreuung, der zum Netzwerkaufbau wichtig wäre, kann aufgrund der Schichtarbeit nicht erfolgen. Des Weiteren muss eine Vertiefung der Kenntnisse im SGB Bereich erfolgen, da diese noch nicht ausreichend vorhanden sind.

2.2.3.2.2.3   SWOT Analyse: Chancen

Der Dienstleistungssektor wächst stark, insbesondere im Bereich Arbeit mit alten Menschen (demographischer Wandel). Die Familienstrukturen ändern sich, Großfamilien existieren meist nicht mehr, Bedürftige benötigen externe Betreuung und Familienmitglieder und Angehörige wohnen oftmals weit entfernt und können Versorgung oder auch eine rechtliche Betreuung nicht mehr übernehmen. Auch aus diesem Grund sind bestellte Betreuungen im Verlauf der letzten Jahre angestiegen:

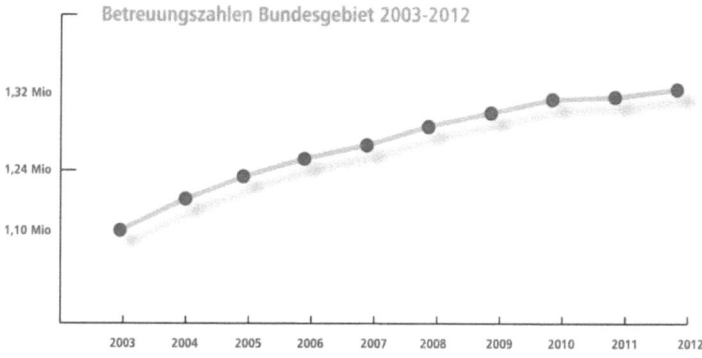

Abbildung 21: Betreuungszahlen im Vergleich
Quelle: Bund deutscher Berufsbetreuer

Eine gute Struktur der Betreuungsorganisation ist schon vorhanden, die Betreuungsbehörde vermittelt Klienten durch Vorschläge an Richter und informiert auch über einen möglichen Bedarf an neuen Betreuern. Im Oberbergischen Kreis gibt es derzeit ca. 100 Berufsbetreuer. Trotzdem gibt es einen derzeitigen Bedarf an neuen, insbesondere männlichen Berufsbetreuern (speziell für psychisch Erkrankte). Eine Konkurrenzsituation ist nicht zu erwarten, da die Bestellung von Berufsbetreuern über die Betreuungsbehörde reglementiert wird, lassen diese keine neuen Bewerber zu, wenn der Markt gesättigt ist. Die Verdienstsituation ist transparent und im Vergleich zu anderen Selbständigkeiten relativ sicher, eine Abrechnung erfolgt im Quartals-Rhythmus nach Pauschalen. Durch die Betreuungstätigkeit entsteht ein großes Netzwerk, sodass sich weitere Dienstleistungen im sozialen Bereich schneller vermarkten lassen würden (Beratung zu Vorsorgevollmachten, ambulante Betreuung ohne rechtliche Betreuung usw.). Ein Ausbau der Dienstleistungen wäre somit rasch zu realisieren.

2.2.3.2.2.4 SWOT Analyse: Gefahren

Die Stundenkalkulation ist als Pauschale festgelegt, man ist angewiesen auf eine gute Mischkalkulation, das heißt man benötigt bei Klienten, die zeitaufwendig in der Betreuung sind auch Klienten, die weniger Zeit als in der Pauschale veranschlagt benötigen. Es besteht teilweise eine Abhängigkeit von Betreuungsbehörden und Amtsrichtern, da man von der Betreuungsbehörde vorgeschlagen werden muss. Da es hier ein strukturiertes Bewerbungsverfahren gibt, ist man allerdings nicht von persönlichen Kontakten usw. abhängig. Die Tätigkeit wird stark durch

Gesetzesvorgaben reglementiert, so können neue Beschlüsse der Politik die Arbeit erleichtern oder erschweren, ohne dass dies automatisch Auswirkungen auf die Pauschale hat. Es besteht außerdem ein hohes Haftungsrisiko bei einem überaus komplexen Arbeitsfeld, auch als Berufsanfänger benötigt man eine Berufshaftpflichtversicherung. Neben einer Marktanalyse und einer SWOT-Analyse benötigt eine Gründung nach dem Studium aus der Anstellung heraus jedoch auch eine gut strukturierte Planung, um die finanzielle Sicherheit auf der einen Seite, aber auch die Doppelbelastung und Einschränkung der Selbständigkeit durch die angestellte sozialversicherungspflichtige Tätigkeit auf der anderen Seite im Blick zu behalten. Im Folgenden wird dies exemplarisch für die eigene Gründungsidee vorgestellt.

Durch die Hauptanstellung ist man in der zeitlichen Flexibilität bezüglich Terminen und Arbeitszeiten stärker eingeschränkt und auch die Doppelbelastung sollte nicht über einen langen Zeitraum aufrechterhalten werden. Aus diesem Grund wird ein maximaler Zeitraum von 1,5 Jahren bis zum Übergang in die komplette Selbständigkeit eingeplant. Da die sozialversicherungspflichtige Tätigkeit zu Beginn der Existenzgründung jedoch ein Zahlen der Renten- Krankenkassen- und Pflegebeiträge nicht erforderlich macht, ist die Gründung in Teilzeit eine gute Möglichkeit, eine Existenzgründung im Bereich der sozialen Dienstleistungen mit dem Schwerpunkt auf Betreuungen ohne Eingehen finanzieller Risiken aufzubauen. Wichtig hierbei ist neben dem gesetzten Zeitraum auch, die notwendigen Fallzahlen und die Wochenarbeitszeit im Blick zu halten. Die Fallzahlen, die benötigt werden, um die sozialversicherungspflichtige Anstellung aufgeben zu können, sind abhängig von den bewilligten Stunden für den jeweiligen zu Betreuenden und von der Qualifikation des Betreuers. Im Folgenden verdeutlicht die Honorartabelle des Bundesanzeiger-Verlages:

> „Die abrechnungsfähigen Stunden, je nachdem, ob der Betreute seinen gewöhnlichen Aufenthalt innerhalb oder außerhalb eines Heimes hat, können aus den nachstehenden Tabellen entnommen werden."[90]

---

[90] Vgl. http://www.bundesanzeiger-verlag.de/betreuung/wiki/Betreuerverg%C3%BCtung#Neue_Pauschalverg.C3.BCtung_f.C3.BCr_Berufsbetreuer (Stand 11.08.2017)

a) bei vermögenden Betreuten (i.S. der § 1836c, § 1836d BGB)

Zeitraum seit Betreuungsbeginn	Betreuter lebt im Heim	Betreuter lebt außerhalb eines Heimes
1. bis 3. Monat	5,5 Stunden im Monat	8,5 Stunden im Monat
4. bis 6. Monat	4,5 Stunden im Monat	7 Stunden im Monat
7. bis 12. Monat	4 Stunden im Monat	6 Stunden im Monat
ab 2. Jahr	2,5 Stunden im Monat	4,5 Stunden im Monat

b) bei mittellosen Betreuten

Zeitraum seit Betreuungsbeginn	Betreuter lebt im Heim	Betreuter lebt außerhalb eines Heimes
1. bis 3. Monat	4,5 Stunden im Monat	7 Stunden im Monat
4. bis 6. Monat	3,5 Stunden im Monat	5,5 Stunden im Monat
7. bis 12. Monat	3 Stunden im Monat	5 Stunden im Monat
ab 2. Jahr	2 Stunden im Monat	3,5 Stunden im Monat

Somit kann ein Aufgeben der beruflichen Anstellung nicht an Fallzahlen festgemacht werden (Anzahl der Betreuungen), sondern muss auch die Faktoren „Zeitraum der Betreuung" und „Lebensmittelpunkt der Betreuung" sowie „Mittelosigkeit oder Vorhandensein von eigenem Vermögen" mit einbeziehen. Da von einer nebenberuflichen Tätigkeit ausgegangen wird, solange sie 18 Wochenstunden nicht überschreitet, muss die sozialversicherungspflichtige Tätigkeit deutlich den Hauptschwerpunkt der Einnahmen abbilden.[91] Ab einer Übernahme von Betreuungsfällen, die durchschnittlich ein Tätigwerden von 77,4 Stunden (durchschnittliche Wochenanzahl von 4,3 x 18 Wochenarbeitsstunden) erfordern, wird ein Übergang von der Selbständigkeit im Nebenberuf zum Hauptberuf angestrebt. An diesem Punkt ist zu prüfen, ob entweder doch ein Überbrückungsdarlehen notwendig werden könnte. Dies kann der Fall sein, wenn die Zuweisung von weiteren Fällen nicht so schnell wie erhofft erfolgt. Um dies zu verhindern, wird jedoch eher das Hinzunehmen weiterer, inhaltlich vergleichbarer Angebote geplant. Durch einen Mix an selbständigen Tätigkeiten durch Kombination der Berufsbetreuungsfälle mit Fachleistungsstunden im Bereich der Ambulanten Betreuung und ggf. dem Führen von Vormundschaften kann eine gute Ergänzung durch weitere Einnahme-

---

[91] Vgl.http://www.fuer-gruender.de/wissen/existenzgruendung-planen/selbststaendig-machen/nebenberuflich-selbststaendig/ (Stand 11.08.2017)

quellen branchenähnlicher Anfragen erzielt werden. Es wird im Rahmen dieser Ausarbeitung jedoch exemplarisch eine Zwischenfinanzierung für diesen Überbrückungspunkt berechnet. Da die Berufsbetreuung im Arbeitszimmer im sonst privat genutzten Haus ausgeübt werden kann und keine teuren Anschaffungen für Infrastruktur usw. anfallen, ist eine Gründung ohne Aufnahme eines Darlehens bei folgender, auf der nachfolgenden Seite graphisch dargestellten Berechnung realistisch:

Kapitalbedarfsplanung	1. Jahr		2. Jahr (21,5 Fälle)		3. Jahr (35 Fälle)
1. Investitionen					
1.1 Ausstattung Büro					
PC	1000				
Software Lizenzen für MS Office und Betreuersoftware sowie Buchhaltungssoftware und	1500		800		800
Ausstattung Arbeitszimmer Möbel	2500		1000		1000
2. erhöhte Kosten während Gründung					
erhöhter Bedarf Kfz /Jahr (1000*4,3*12)	3600		4500		4500
Versicherungen (Berufshaftpficht, Eintritt und Mtgliedschaft BdB usw)	2000		2000		2000
Verbrauchsmaterial (Toner, Briefpapier usw.).	1200		1500		1800
3. Kosten der privaten Lebensführung					
wird durch Teilzeitanstellung getragen, derzeit 1500 € / Monat	0				
Krankenversicherung bei Aufgabe Festanstellung 527,868 monatlich (berechnet auf Break Even Berechnung --> Aufgabe des Angestelltenverhältnis bei 77,4 Std./ à 44 Euro * 15,5% sowie Steigerung auf 25 Fälle --> 25* 3,4*44 ab dem 2. Halbjahr))	0			Krankenver-sicherung bei Erreichung des Höchstbetrags	
527,87*6			3167,22		
					9178,44
596,75 *6			3580,5		
Private Rentenvorsorge			4800		6000
= Gesamtkapitalbedarf	**11800**		**21347,72**		**25278,44**
Einnahmen Angestelltentätigkeit 1500 netto	18000		fällt weg		
Einnahmen geschätzt von Aufbau der Fälle von 11 auf 18 in einem Jahr (13,4 Durchschnitt) = 2333 Monat		Einnahmen 18 Fälle bis 25 Fälle in der zweiten Jahreshälfte (Durchschnitt 21,5 *3,5 Std/Monat *44	Einnahmen 30 Fälle bis 40 in der zweiten Jahreshälfte (35 im Durchschnitt *3,5 Std/Monat*		
	27996	Eur)	39732	44 Eur)	64680
Einkünfte insgesamt brutto	**45996**		**39732**		**64680**
abzgl. Steuer (grob geschätzt)	8398,8		8500		11000
Einkünfte insgesamt netto	**37597,2**		**31232**		**53680**
Einkünfte abzgl. Gesamtkapitalbedarf	**25797,2**		**9884,28**		**28401,56**
Mehreinnahmen durch Selbständigkeit	**7797,2**				
Fehlende Differenz bei Aufgabe der Anstellung im Vergleich zur Festanstellung			8115,72		10.000 € Überschuss
Der Kapitalbedarf beträgt	0 - es entsteht ein Überschuss		8115,72		Existenzgründung trägt sich selbst und kann weiter ausgebaut werden

Quelle: Eigene Darstellung

Tabelle 5: Kapitalbedarfsplanung und Zeitplanung

Bei einer vollzeitnahen Teilzeitanstellung im sozialen Bereich wird ein Bruttover-dienst von ca. 2300 € angenommen (Altenpfleger mit 75 Prozent Stelle und über vier Jahren Berufserfahrung), dies wären ca. 1500 € netto bei Steuerklasse I oder IV ohne Kinder, (Referenzwert). Bei Aufnahme einer Berufsbetreuungstätigkeit ist es realistisch, bis zu 18 Fälle neben der Berufstätigkeit zu übernehmen. Dies be-deutet eine Arbeitswoche von ca. 45-48 Wochenstunden, sodass zwar von einer

Doppelbelastung gesprochen werden kann, diese für ein Jahr aber realistisch eingeplant werden kann. Es entstehen Kosten für die Ausstattung des Büros sowie Kosten für Berufsversicherungen, Mitgliedsbeiträge, Software, und eine höhere Nutzung des PKWs. Durch die hinzukommenden Einnahmen durch die Berufsbetreuung zusätzlich zu dem normalen Gehalt können die Kosten von geschätzten 11.800 € durch das Zusatzeinkommen getragen werden. Es verbleiben nach Hochrechnung sogar knapp 8.000 € Überschuss. Diese können als Sicherheit für das zweite Jahr dienen. Da hier eine Übersteigung von 18 Stunden durch Betreuungsfälle realistisch wird, muss eine Aufgabe der Anstellung eingeplant werden. Die hierdurch höheren Kosten entstehen insbesondere durch Krankenversicherungsbeiträge und freiwillige Rentenbeiträge. Ich gehe im zweiten Jahr im Durchschnitt von 21,5 Fällen aus und hätte aufgrund der Kranken- und Rentenbeiträge eine Differenz im Vergleich zur Festanstellung von ca. 8115 €. Diese Differenz könnte durch Mehreinnahmen des ersten Jahres getragen werden. Im dritten Jahr gehe ich von durchschnittlich 35 Fällen aus. Mit dieser Berechnung würde sich die Selbständigkeit ab dem dritten Jahr tragen und verglichen mit der Teilzeitanstellung im dritten Jahr eine positive Differenz von 10.000 € bedeuten. Ein weiteres Ziel wäre längerfristig das Erreichen einer Fallzahl, die das Einstellen einer Verwaltungskraft ermöglicht (perspektivisch ab 40 Fällen). Die hier durchgeführte Berechnung ist vorsichtig berechnet, so sind nur die Krankenversicherungs- und Rentenbeiträge grob von der prognostizierten Steuer abgezogen worden. Die weiteren abziehbaren Beträge wie gefahrene KM mit dem PKW, Mitgliedschaften, Versicherungen usw. wurden in dieser ersten groben Berechnung nicht berücksichtigt, würden den Überschuss aber noch einmal deutlich erhöhen. Sollte eine langsamere Fallzuweisung erfolgen, die eine Zwischenfinanzierung notwendig machen würde, würde sich meinen Recherchen zufolge der ERP-Gründerkredit – StartGeld der KfW Bank anbieten.[92] Dieser Gründungskredit bietet auch gemeinnützigen Rechtsformen oder Freiberuflern (wie ich es in diesem Fall wäre) die Möglichkeit eines Gründungskredits in Höhe von bis zu 100.000 €, nicht nur zu Beginn der Gründung, sondern innerhalb der ersten 5 Jahre. Dieser Kredit ist auch für Selbständige im vorläufigen Nebenerwerb gedacht und wird aus dem EU-Programm für die Wettbewerbsfähigkeit von Unternehmen und für KMU (COSME) sowie aus dem Europäischen Fonds für strategische Investitionen (EFSI) gestellt. Dieser Gründungskredit wäre

---

[92] https://www.kfw.de/inlandsfoerderung/Unternehmen/Gr%C3%BCnden-Erweitern/Finanzierungsangebote/ERP-Gr%C3%BCnderkredit-Startgeld-(067)/(Stand 15.08.2017)

aufgrund der EU-Förderung günstiger als ein Bankdarlehen für Existenzgründer, dass bei privaten Banken geschlossen würde. Ebenfalls positiv bei dieser Variante des Gründungskredits ist eine tilgungsfreie Zeit, in der nur Zinsen gezahlt werden. Dies würde bedeuten, dass zum Einsatz der Tilgung eine hohe Anzahl von Betreuungsfällen erreicht wurde und eine Abtragung kein großes Risiko darstellt. Dies habe ich mit dem Tilgungsrechner der KfW-Bank und dem derzeit gültigen Effektivzinssatz von 2,07 % und einer Laufzeit von 5 Jahren als Alternativberechnung durchgeführt,[93] falls eine Gründung nur durch Eigenkapital aufgrund länger dauernder Zuweisung nicht wie geplant durchführbar wäre:

Tilgungsperiode bis Zinsbindungsende

HALBJÄHRLICH	TILGUNG	ZINSEN	RATE	RESTSCHULD
1	0,00	103,50	103,50	10.000,00
2	0,00	103,50	103,50	10.000,00
3	0,00	103,50	103,50	10.000,00
4	0,00	103,50	103,50	10.000,00
5	1.666,67	103,50	1.770,17	8.333,33
6	1.666,67	86,25	1.752,92	6.666,67
7	1.666,67	69,00	1.735,67	5.000,00
8	1.666,67	51,75	1.718,42	3.333,33
9	1.666,67	34,50	1.701,17	1.666,67
10	1.666,67	17,25	1.683,92	-0,00
Gesamtsumme	10.000,02	776,25	10.776,27	-0,00

Abbildung 22: Tilgungsplan Gründungskredit KfW
Quelle: Darstellung KfW nach eigenen Angaben

Anhand der durchgeführten Marktanalysen, der SWOT-Analyse und einer groben Übersicht eines Finanzplans wird deutlich, dass die angestrebte Dienstleistung realistischer Weise eine Selbständigkeit nach dem Studium erst im Nebengewerbe und nach Aufbau von Klienten auch im Hauptgewerbe tragen kann. Die eher niedrigen Einstiegskosten lassen die geplante Existenzgründung als risikoarm erscheinen. Gemäß meiner Berechnung ist aufgrund der doppelten Einnahmen im ersten

---

[93] https://www.kfw.de/inlandsfoerderung/Unternehmen/Gr%C3%BCnden-Erweitern/Finanzierungsangebote/ERP-Gr%C3%BCnderkredit-Startgeld-%28067%29/#1 (Stand 19.08.2017)

Jahr von einem kleinen Überschuss auszugehen, der auch bei vorsichtiger Berechnung eine Deckung der entstehenden Differenz im zweiten Jahr realistisch erscheinen lässt. Im Gründungsverlauf ist zu erkennen, dass ab dem dritten Jahr die Gründung finanziell rentabel wird und schon einen deutlichen Vorteil gegenüber dem Angestelltenverhältnis bietet. Eine Beschäftigung einer Verwaltungskraft in Teilzeit und ausgegliederte Büroräume würden ab Betreuungszahlen von mindestens 40 realistisch. Der einzige kritische Punkt ist die nicht beeinflussbare Zuweisung von Betreuungsfällen, da im Betreuungsbereich keine Klienten aktiv angeworben werden können, sondern vom Amtsgericht und der Betreuungsbehörde zugewiesen werden. Sollten Zuweisungen hier länger dauern, als geplant, könnte ein Existenzgründungsdarlehen in der Mitte (2. Jahr) notwendig werden. Hier würde aber aufgrund der erfüllten Voraussetzungen des ERP-Gründerkredits für mich keine private Gründungsfinanzierung in Frage kommen, sondern die EU-Förderung für kleine Unternehmer, die für das angestrebte Vorhaben passgenau wäre.

Dieses Beispiel verdeutlicht, dass nicht die niedrigen Kosten im Aufbau der Existenzgründung ausschlaggebend sind, sondern auch bei einer Existenzgründung im Nebenerwerb mit wenig oder gar keinem Eigenkapital genau analysiert werden soll, ob eine grundsätzlich wirtschaftlich tragfähige Idee vorliegt und diese auch auf eine realistische Nachfrage trifft. Nur so ist zu gewährleisten, dass nicht gemäß dem Motto „es wird kein Startkapital benötigt, also wird eine Gründungsidee ins Blaue hinein getestet" gegründet wird und dann die Gründung eventuell zum Scheitern verurteilt ist. Dieses Vorgehen wird Existenzängste, die aufgrund von Unwissenheit und wirtschaftlicher Unkenntnis entstehen können, reduzieren oder ganz abbauen.

2.2.3.2.3 Fördermittel und Unterstützung im Gründerprozess

Neben Zuschüssen zu Beratungsleistungen, die auf eher psychologisch ausgerichtetes Coaching oder auch wirtschaftliche Beratungsleistung ausgerichtet sind, gibt es außerdem Fördermittel und weitere Unterstützungsleistungen im Gründungsprozess. Der Übersicht halber werden hier nur die gängigsten Fördermittel vorgestellt, die nicht ausschließlich ihren Zugang auf bestimmte Branchen oder Zielgruppen beschränken und die auf kleinere Existenzgründungen mit Förderungen bis ca. 100.000 € zutreffen.

Angeboten wird z.B. der **ERP Gründerkredit StartGeld**. Die KfW Bankengruppe fördert Existenzgründer, Freiberufler sowie kleine Unternehmen bei der Finanzierung von Investitionen und Betriebsmitteln mit einem Fremdfinanzierungsbedarf von bis zu 100.000 EUR. Voraussetzung hierfür sind fachliche und kaufmännische Qualifikationen sowie eine Ausrichtung auf einen mittelfristigen Vollerwerb, dies schließt Gründungen im Nebenerwerb jedoch nicht aus, solange diese eine nachvollziehbare Planung mit Übergang in eine Vollerwerbstätigkeit mit angestrebtem Zeitpunkt nachweisen können.[94] Die Höhe des Darlehens beträgt bis zu 100% des Gesamtfremdfinanzierungsbedarfs, maximal jedoch 100.000 EUR, die Laufzeit beträgt maximal zehn Jahre.

Das **EXIST-Gründerstipendium** wird von der dem Bundesministerium für Wirtschaft und Energie unter Beteiligung des Europäischen Sozialfonds (ESF) angeboten und ist im Bereich der Innovationsförderung anzusiedeln. Der Vollständigkeit halber wird es im Rahmen dieser Bachelor Thesis jedoch genannt, da es eine Art Gründungsstipendium darstellt, dass insbesondere für Gründungen im Innovations- oder Wissensbereich zur Verfügung steht, die während oder nach einem Studium durchgeführt werden[95]

Mit dem **Mikrokreditfonds Deutschland**, möchte die Bundesregierung die Chance auf Gründungskredite für kleine Unternehmen verbessern. Antragsberechtigt sind natürliche Personen, Kleinst- und Kleinunternehmen, Voraussetzung ist ein Fremdkapitalbedarf und ein schlüssiges Konzept. Die Förderung erfolgt in Form eines Darlehens bis zu 20.000 EUR bei einer Laufzeit von bis zu vier Jahren. Zuständige Mikrofinanzinstitute können über die Internetseite http://www.mein-mikrokredit.de abgerufen werden.[96]

Die NRW.Bank bietet den **NRW.BANK Gründungskredit.** Es werden zinsverbilligte Darlehen zur Finanzierung von Existenzgründungen ausgegeben, für kleine und mittelständige Unternehmen gibt es Sonderkonditionen. Finanziert werden können Anschaffungen sowie Übernahmen bestehender Geschäfte und Betriebsmittelbedarf. Der Antragssteller muss Existenzgründer sein, einen Sitz in Nordrhein-Westfalen nachweisen und eine schlüssige Gesamtfinanzierung aufweisen. Das Gründungsvorhaben muss einen nachhaltigen wirtschaftlichen Erfolg erwarten

---

[94] Vgl.http://www.foerderdatenbank.de/Foerder-DB/Navigation/Foerderrecherche/suche.html?get=0476b0cd395e4757a71513c8656188e9;views;document&doc=9855 (Stand 20.08.2017)

[95] Vgl.http://www.foerderdatenbank.de/Foerder-DB/Navigation/Foerderrecherche/suche.html?get=0476b0cd395e4757a71513c8656188e9;views;document&doc=9639(Stand 20.08.2017)

[96] http://www.mein-mikrokredit.de (Stand 20.08.2017)

Die Höhe des Darlehens beträgt bis zu 100% der förderfähigen Kosten bis maximal 10 Mio. EUR.[97]

Die Startercenter.NRW bieten darüber hinaus **NRW/EU Mikrodarlehen** für natürliche Personen mit Hauptwohnsitz in NRW und GbRs, die sich im Bereich der gewerblichen Wirtschaft oder der Freien Berufe selbständig machen oder ein gewerbliches Unternehmen betreiben bzw. eine freiberufliche Tätigkeit ausüben. Vor Antragsstellung muss eine Beratung in einem der Startcenter.NRW erfolgen. Ebenfalls wird ein Nachweis über die fachliche und kaufmännische Qualifikation erwartet. Die Förderung erfolgt durch ein Darlehen bei einem Mindestbetrag von 5.000 EUR und einem Höchstbetrag von 25.000 EUR und bietet sich somit besonders für Kleinstgründungen an, die ansonsten nur erschwert Konditionen bei Banken Darlehen erhalten würden.[98]

Neben diesen Förderungen bleibt abschließend nur zu erwähnen, dass ebenfalls die Gründung einer gemeinnützigen GmbH oder eines eingetragenen Vereins je nach Geschäftsmodell denkbar wäre. So ist insbesondere in vielen Bereichen der sozialen oder gesundheitlichen Dienstleistungserbringung Realität, dass Kostensätze entweder feststehen, oder verhandelbar sind, sich in ihrer Höhe aber immer auch nach Mitbewerbern und den zahlenden Kostenträgern richten. Da diese zumeist Arbeitsagenturen, Jobcenter, Krankenkassen, Rententräger oder andere öffentliche Kostenträger sind, ist eine Preisgestaltung nicht in dem Maße offen, wie in der Privatwirtschaft. Dies liegt auch daran, dass nicht immer marktfähige Klienten eine Dienstleistung einkaufen, sondern es ein Dienstleistungsdreieck gibt. Hier ist mit einer Businessplanung zu prüfen, welche Preise für bestimmte Dienstleistungen angesetzt werden können. So könnte es unter Umständen günstiger sein, als gemeinnütziger Träger eine Dienstleistung, die einen neuen Ansatz darstellt, durch Fördermittel im Rahmen eines Leuchtturmprojektes auszutesten, um diese dann in eine Regelförderung übergehen zu lassen. Anhand der durchschnittlichen Gehälter einer Geschäftsführung einer gemeinnützigen Einrichtung lässt sich erkennen, welche Einnahmen langfristig erzielt werden müssten, um mit einer

---

97 Vgl.http://www.foerderdatenbank.de/Foerder-DB/Navigation/Foerderrecherche/suche.html?get=0476b0cd395e4757a71513c8656188e9;views;document&doc=10136&typ=CL (Stand 20.08.2017)

98 Vgl.http://www.foerderdatenbank.de/Foerder-DB/Navigation/Foerderrecherche/suche.html?get=0476b0cd395e4757a71513c8656188e9;views;document&doc=10272&typ=KU (Stand 20.08.2017)

Selbständigkeit in nicht gemeinnütziger Rechtsform im Bereich der sozialen Dienstleistungen nicht schlechter gestellt zu sein, als in einer Festanstellung als Führungskraft, diese lag 2014 bei ca. 79.000 Euro Jahresgehalt.[99]

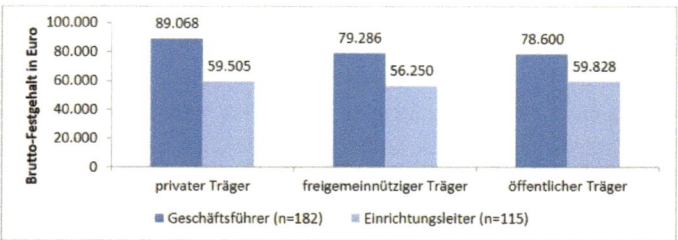

Abbildung 23: Durchschnittliche Brutto-Festgehälter von Führungskräften (2014)
Quelle: Sozialbank

---

[99] https://www.sozialbank.de/fileadmin/2015/documents/3_Expertise/ 3.3.6_Fachbei-traege/2015/Fachbeitrag_BFS-Info2015-6_contec-Verguetungsstudie2014.pdf (Stand 21.08.2017)

3 Fazit: Identifizierung von fördernden und hemmenden Faktoren im Prozess der Existenzgründung im Nebenerwerb im Bereich sozialer Dienstleistungen

In den vorherigen Kapiteln konnte aufgezeigt werden, dass Gründungen für Deutschland weiterhin von großer Bedeutung sind und Existenzgründer in vielfältiger Weise Unterstützung finden. Die oftmals vorherrschend in den Blick genommene Gruppe ist hierbei jedoch die der Vollerwerbsgründer. Es konnte gezeigt werden, dass insbesondere im Bereich der Nebenerwerbgründungen ein großes Potential liegt. Viele der Nebenerwerbsgründungen erfolgen im Dienstleistungs- oder Sozialbereich, überproportional oft werden sie von Frauen durchgeführt. Durch eine hohe Anzahl an Nebenerwerbsgründungen im sogenannten Dienstleistungssektor mit niedrigem Startkapital sind diese Gründungsformen noch nicht ausreichend erforscht und werden von vielen Förderinstrumenten nicht richtig erfasst oder es gibt keine bzw. wenig zielgruppenspezifischen Angebote. Aufgrund der meist nicht benötigten Startinvestitionen erfolgt auch nicht oder nur in unzureichendem Maße eine wirtschaftliche Existenzgründungsberatung in der Phase der Vorgründung und Planung.

Durch Auswertung unterschiedlicher Studien konnte aufgezeigt werden, dass Deutschland besonders hohe Werte bei Existenzängsten und Ängsten vor dem Scheitern bei einer Gründung aufweist. Diese Ängste können unterschiedliche Gründe haben. Unzureichendes kaufmännisches Wissen, eine unzureichende Planung und eine möglicherweise nicht auf wirtschaftlichen Erfolg ausgerichtete Persönlichkeitsstruktur konnten als größte Hemmnisse bei einer angehenden Gründung identifiziert werden. Diese hemmenden Faktoren und die hinzukommende große Angst vor dem Scheitern führen nicht nur zu Gründungen, die sich finanziell nicht halten können oder aufgrund von Doppelbelastung wieder aufgegeben werden. Sie verhindern auch die Existenzgründungen vieler Gründungsinteressierter. Dies hat natürlich unterschiedliche Gründe, diese wurden in den vorherigen Kapiteln herausgearbeitet. So gaben in Studien viele Gründungsinteressierte z.B. auch die Problematik von hohem bürokratischen Aufwand an. Die Hemmnisse einer Persönlichkeit, die nicht ein klassisches Unternehmerprofil aufweist und die Hemmnisse von Existenzangst und unzureichender wirtschaftlicher Voranalyse kann jedoch gut bearbeitet werden. Auf der folgenden Seite verdeutlicht ein Diagramm die notwendigen Schritte, die als fördernde Faktoren bei der Gründung als Solo-

Selbständiger im Nebenerwerb im Bereich der sozialen Dienstleistungen angesehen werden kann.

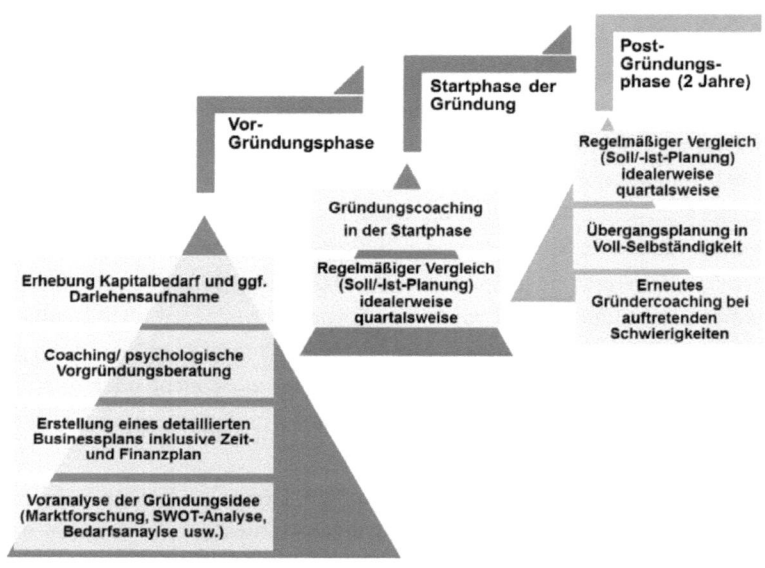

Abbildung 24: Fördernde Schritte in der Phase der Existenzgründung
Quelle: Eigene Darstellung

In der Vorgründungsphase ist vor allem das realistische Planen der Selbständigkeit
und bei einer Gründung im Nebenerwerb auch der Festanstellung und der Doppelbelastung von großer Bedeutung. Bevor der Entschluss für eine Existenzgründung
gefasst wird, sollte eine Kurzbeschreibung der Gründungsidee, die Überlegung
(und ggf. schon Gründung) der benötigten Rechtsform und ein ausführliches Pro-
dukt- und Leistungsangebot erstellt werden. Ebenfalls sollten Markt- und Stand-
ortanalysen sowie Analysen zur Wettbewerbsfähigkeit des angebotenen Produktes
oder der angebotenen Dienstleistung erfolgen. Wege für Vermarktung und Vertrieb
sollten ebenso bedacht worden sein, wie möglicherweise notwendiges Personal,
notwendige Infrastruktur für einen Betrieb, benötigte Versicherung, eine Erhebung des Kapitalbedarfs und eine Investitionsplanung. Ebenfalls muss eine Liquiditätsplanung und Ergebnisplanung erfolgen, diese muss vor allem bei einer Nebenerwerbsgründung einen Zeitplan enthalten, wann ein Übergang in die

Hauptselbständigkeit erfolgen soll. Dies muss insbesondere bei Kalkulationen von Beginn an mit bedacht werden, da sonst notwendige Einnahmen für Versicherungen und Sozialbeiträge nicht mit berechnet werden, da diese zu Beginn noch von der Festanstellung getragen werden. Auch eine Risikoplanung sollte erfolgen, wobei gerade bei einer Gründung im Nebenerwerb meist kein oder nur wenig Gründungskapital benötigt wird. Bei der marktwirtschaftlichen Analyse ist es ratsam, Unterstützungsangebote durch Gründercoaching bei der Erstellung eines Business Plans zu nutzen. Die vielfältigen Möglichkeiten wurden im Rahmen dieser Bachelor Thesis erörtert. Gerade im Bereich der Nebenerwerbsgründung finden sich viele Gründungswillige, die im sozialen Bereich, Gesundheitsbereich oder Dienstleistungsbereich tätig sind. Die dort vorzufindenden Persönlichkeitsprofile entsprechen oftmals nicht dem Persönlichkeitsprofils eines Unternehmers. Auch die Intention zur Existenzgründung ist bei dieser Zielgruppe meist nicht monetär begründet, sondern ergibt sich durch die Motivation, mehr Entscheidungskompetenz zu erlangen, Unabhängigkeit zu sein und einen großen Rahmen an Gestaltungsmöglichkeiten zu haben. Neben den wirtschaftlichen und kaufmännischen Kompetenzen fehlen oftmals Kompetenzen wie Durchsetzungsfähigkeit, Extrovertiertheit usw. Eine Erhebung des eigenen Persönlichkeitsprofils kann durch unterschiedliche Instrumente erfolgen. Vorgestellt wurden in dieser Bachelor Thesis der wissenschaftlich fundierte 16 PF-R Test sowie der Talentkompass, der als zertifiziertes Verfahren zur Erstellung einer Kompetenzbilanz vom Europäischen Sozialfonds und dem Ministerium für Arbeit, Integration und Soziales NRW unentgeltlich angeboten wird. Solche Verfahren helfen, eigene Stärken und Schwächen zu erkennen und Persönlichkeitsfaktoren, die für eine Selbständigkeit eher hinderlich sein könnten (Schüchternheit, Introvertiertheit usw.) zu bearbeiten. Hier bieten sich insbesondere psychologisch orientiere Coachings an, diese werden jedoch oftmals nicht von Banken, Sparkassen, Gründerzentren oder der IHK angeboten, sondern müssen über private Coaches, Psychologen oder andere qualifizierte Berater eingekauft werden. Trotz einer anfänglich notwendigen Investition in Beratungs- und Coaching Leistungen ist dies mit Blick auf Verhandlungen von Kostensätzen mit Kostenträgern oder Klienten dringend zu empfehlen, vor allem wenn keine klassische Unternehmermentalität vorliegt. Am Schluss der Vorgründungsphase steht eine realistische Planung des benötigten Kapitalbedarfs und eventuell die Aufnahme eines Gründerkredits. Möglichkeiten der Vergabe von Klein- oder Kleinstkrediten wurden ebenfalls erörtert. Nicht nur in der Vorgründung, sondern auch während der Gründungsphase kann und soll Gründungscoaching genutzt werden. Während Kostenzuschüsse in der Vorgründungsphase in NRW meist von den

Gründerstartcentren übernommen werden, gibt es im Rahmen der Gründung andere Coaching Formen, die von anderen Kostenträgern staatlich gefördert werden
und eine situations- und problemabhängige Beratung zu Chancen und Fallstricken
während der ersten Gründungsmonate und dem ersten Gründungsjahr liefern.
Diese Coaching Angebote sollten auf jeden Fall genutzt werden, da insbesondere
im Nebenerwerb im ersten Jahr unverhältnismäßig viele Gründungen aufgrund
schlechter finanzieller Ergebnisse oder zu hoher Doppelbelastung ihren Betrieb
wiedereinstellen. Zu kombinieren sind diese Angebote auf jeden Fall mit einer kon-
tinuierlichen Erhebung der gesetzten Ziele – finanzieller wie zeitlicher Art – idealerweise durch einer quartalsmäßige Einnahmen/Ausgabenerhebung. Dies sollte
auch in der Post-Gründungsphase beibehalten werden. Idealerweise ist hier jedoch
ebenfalls der Blick auf den Ausstieg aus der Festanstellung und der Ausbau Selbständigkeit im Nebenerwerb in eine Voll-Selbständigkeit zu richten. Auch das Fest-
halten an gesetzten Zielen im Zeit- und Meilensteinplan oder eine situationsabhän-
gige Abänderung der Ziele ist notwendig, da nur bei rechtzeitigem Erkennen von
Abweichungen und auftauchenden Problemen eine Krisenberatung in Anspruch
genommen werden kann. Auch diese werden in den ersten beiden Jahren einer
Existenzgründung staatlich gefördert. Mit Inanspruchnahme dieser, zum Teil staatlich geförderten Unterstützungsleistungen kann ein großer Teil hemmender Faktoren bei der Existenzgründung vor allem im Nebenerwerb reduziert oder ausge-
räumt werden, sodass die Wahrscheinlichkeit eines positiven Gründungsverlaufs
steigen wird.

4 Ausblick

Deutschland ist Schlusslicht im Bereich der Existenzgründungen. Es ist nicht abschließend festzustellen, ob dies an einer „deutschen Mentalität" liegt, in der Scheitern nicht dazu gehören darf und somit aufgrund von Existenzängsten viele Gründungen gar nicht erst in Angriff genommen werden. Viele Befragungen machen jedoch deutlich, dass unabhängig von der Branche oder der Gründungsform die or-
ganisatorischen Schritte für eine Existenzgründung als Hürde angesehen werden,
die ohne fundierte Beratung nur schlecht bearbeitet werden können. Hier ist ein
Bürokratisierungsabbau wünschenswert, da die Anzahl der Gründungen wichtig
für den Wirtschaftsfaktor Deutschlands sind und ansteigen sollten. Gerade im Bereich der Nebenerwerbsgründungen fällt auf, dass diese zwar mittlerweile den
Großteil der Gründungen einnehmen, trotzdem nicht wirklich in den Blick der Banken, Gründungszentren oder der IHK gerückt sind. Besonders für die Zielgruppe
der (Langzeit)arbeitslosen Menschen wurden besondere Förderungen ins Leben
gerufen, um Existenzgründungen dieser Zielgruppen zu fördern, als die Arbeitslo-
senzahlen besonders hoch waren. Obwohl die Anzahl an Nebenerwerbsgründungen betrachtet am Gesamtanteil der Existenzgründungen hoch ist, sind hier keine
ähnlichen Effekte zu verzeichnen. Viele Förderinstrumente sind entweder auf in-
tensive Betreuung von langzeitarbeitslosen Menschen ausgerichtet, oder richten
sich an Gründungsinteressierte, die mit einem großen Gründerdarlehen sofort aus
dem sozialversicherungspflichtigen Erwerbsleben aus- und in die Gründung ein-
steigen. Hier existiert eine Lücke, denn Angebote für Menschen aus dem Bereich
Gesundheit/Soziales/Dienstleistungen, die als Solo-Unternehmer mit wenigen
wirtschaftlichen oder kaufmännischen Kenntnissen im Nebenerwerb meist als
Solo-Unternehmer gründen möchten, fehlen. Eine zielgruppengerechte Ansprache
und Angebote mit z.B. Planungen, die Festanstellung und Nebenerwerb mitdenken
und dieser speziellen Gründungsform Rechnung tragen, könnte hier die Zahl Grün-
dungswilliger noch erhöhen. Ebenfalls ist das Fehlen einer typischen Gründungs-
mentalität oftmals ein hemmender Faktor. Gerade psychologische Coachings und
Angebote im Bereich der Persönlichkeitsentwicklung, die dem Ausbau und der Er-
weiterung notwendiger Persönlichkeitsaspekte für Selbständige dienen, sind jedoch teuer, da sie oftmals im privatgewerblichen Sektor ohne Förderung angeboten
werden. Hier sollten staatliche Unterstützungsleistungen ansetzen und die wirtschaftliche Businessberatung um psychologische Coaching-Inhalte ergänzen. Dies
könnte erfolgversprechend sein, um weitere, nicht zu den typischen Existenz-

gründerpersönlichkeiten gehörende Personen für eine Existenzgründung zu be-
geistern.

Quellenverzeichnis

Schneewind, Klaus A. /Graf, Johanna [1998]: 16 PF-R: der 16-Persönlichkeits-Faktoren-Test: deutsche Ausgabe des 16 PF Fith Edition : Testmanual Band 1 von 16-Persönlichkeits-Faktoren-Test, Mannheim.

Berth, Hendrik et al. [2006].: Psychologische Tests für Mediziner. Springer-Verlag, Berlin Heidelberg

Internetquellen

BiG Bildungsinstitut im Gesundheitswesen Gemeinnützige GmbH: http://www.big-essen.de/fileadmin/bigdata/PDF_Da-teien/TOP/TOP_Projektbericht_BiG.pdf [abgerufen Juli 2017]

Bundesministerium für Arbeit und Soziales (BMAS): http://www.mein-mikro-kredit.de [abgerufen Juli 2017]

Bundesamt für Wirtschaft und Ausfuhrkontrolle (Bafa): http://www.bafa.de/DE/Wirtschafts_Mittelstandsfoerderung/Bera-tung_Finanzierung/Unternehmensbera-tung/unternehmensbera-tung_node.html;jsessionid=BCD-DADF1ED93D7DA93B0A71BCBBA6C3F.1_cid387 [abgerufen Juli 2017]

Bundesministerium für Wirtschaft und Energie (BMWI): https://www.bmwi.de/Redaktion/DE/Publikationen/Mittelstand/unter-nehmensgruendungen-und-gruendergeist-in-deutsch-land.pdf?_blob=publicationFile&v=20 [abgerufen Juni 2017]

Bundesministerium für Wirtschaft und Energie (BMWI): http://www.bmwi.de/Redaktion/DE/Publikationen/Studien/beweggru-ende-und-erfolgsfaktoren-bei-gruendungen-im-nebenerwerb.html [abge-rufen Juli.2017]

Bundesministerium für Wirtschaft und Energie (BMWI): http://www.exist.de/SharedDocs/Downloads/DE/Zahlen-Fakten-Unter-nehmensgruendungen-Deutschland-2015.pdf?_blob=publicationFile [ab-gerufen Juli.2017]

Bundeszentrale für politische Bildung: http://www.bpb.de/nachschlagen/le-xika/176724/brics-staaten [abgerufen Juli 2017]

Bundesagentur für Arbeit: https://statistik.arbeitsagentur.de/Statischer-Content/Arbeitsmarktberichte/Fachkraeftebedarf-Stellen/Fachkraefte/BA-FK-Engpassanalyse-2017-06.pdf (Stand 16.07.2017), S. 6 [abgerufen Juli 2017]

Bundesagentur für Arbeit: https://statistik.arbeitsagentur.de/Statistikdaten/Detail/201505/arbeitsmarktberichte/bax-ba-x/ba-x-d-0-201505-pdf.pdf Stellenindex BA 2015 [abgerufen Juni 2017]

Bundesanzeigerverlag: http://www.bundesanzeiger-verlag.de/betreuung/wiki/Betreuerverg%C3%BCtung#Neue_Pauschalverg.C3.BCtung_f.C3.BCr_Berufsbetreuer [abgerufen Juni 2017]

Bundesanzeigerverlag: http://www.bundesanzeiger-verlag.de/betreuung/wiki/Berufsbetreuer [abgerufen Juni 2017]

DIW Berlin — Deutsches Institut für Wirtschaftsforschung e.V.: https://www.diw.de/documents/publikationen/73/diw_01.c.417657.de/13-12-1.pdf [abgerufen Juni 2017]

DIW Berlin — Deutsches Institut für Wirtschaftsforschung e.V.: https://www.diw.de/documents/publikationen/73/diw_01.c.415654.de/13-7.pdf [abgerufen Juli 2017]

Econstor: https://www.econstor.eu/bitstream/10419/156631/1/StuDIS_2016-03.pdf [abgerufen Juli 2017]

Förderdatenbank: http://www.foerderdatenbank.de/Foerder-DB/Navigation/Foerderrecherche/suche.html?get=0476b0cd395e4757a71513c8656188e9;views;document&doc=10136&typ=CL http://www.foerderdatenbank.de/Foerder-DB/Navigation/Foerderrecherche/suche.html?get=0476b0cd395e4757a71513c8656188e9;views;document&doc=10272&typ=KU [abgerufen August 2017]

Förderdatenbank: http://www.foerderdatenbank.de/Foerder-DB/Navigation/Foerderrecherche/suche.html?get=0476b0cd395e4757a71513c8656188e9;views;document&doc=9639 [abgerufen August 2017]

Förderdatenbank: http://www.foerderdatenbank.de/Foerder-DB/Navigation/Foerderrecherche/suche.html?get=0476b0cd395e4757a71513c8656188e9;views;document&doc=9855 [abgerufen August 2017]

Förderdatenbank: http://www.foerderdatenbank.de/Foerder-DB/Navigation/Foerderrecherche/suche.html?get=0476b0cd395e4757a71513c8656188e9;views;document&doc=8709 [abgerufen August 2017]

Förderdatenbank: http://www.foerderdatenbank.de/Foerder-DB/Navigation/Foerderrecherche/suche.html?get=0476b0cd395e4757a71513c8656188e9%3Bsearch%3Bindex&typ=qk&act=exe&clt=Y&gbt=&brh=&brt=1&art=&gbrb=1&gbrl=2&qry=&execsrh=Finden&cgparam.formCharset=ISO-8859-1 [abgerufen August 2017]

Franchiseportal: http://www.franchiseportal.de/wissen-fuer-gruender/glossar/coaching-a-4899.html [abgerufen August 2017]

Für-Gründer.de: http://www.fuer-gruender.de/wissen/existenzgruendung-planen/selbststaendig-machen/nebenberuflich-selbststaendig/ [abgerufen Juni 2017]

GEM: http://gemconsortium.org/ [abgerufen Juni 2017]

IAB: https://www.wigeo.uni-hanno-ver.de/fileadmin/wigeo/Geographie/Forschung/Wirtsch ftsgeographie/Forschungsprojekte/laufende/GEM_2015/gem2015.pdf [abgerufen Juni 2017]

IHK: https://www.leipzig.ihk.de/mediathek/Gr%C3%BCndung%20im%20Nebenerwerb.pdf [abgerufen Juli 2017]

IW Consult GmbH:
https://www.google.de/url?sa=t&rct=j&q=&esrc=s&source=web&cd=2&ved=0ahUKEwi77pj1zfzVAhUFOhQKHSmLDCUQFggsMAE&url=https%3A%2F%2Fwww.dihk.de%2Fressourcen%2Fdownloads%2Fstudie-unternehmertum-wohlstand&usg=AFQjCNGzRIJ1otEzDyyR_2LD9bkXgv33cg [abgerufen Juli 2017]

KfW Gründungsmonitor 2014: https://www.kfw.de/PDF/Download-Center/Konzernthemen/Research/PDF-Dokumente-Gr%C3%BCndungsmonitor/KfW-Gr%C3%BCndungsmonitor-2014.pdf [abgerufen Juli/ August 2017]

KfW Gründungsmonitor 2016: https://www.kfw.de/PDF/Download-Center/Konzernthemen/Research/ PDF-Dokumente-Gr%C3%BCndungsmonitor/Gr%C3%BCndungsmonitor-2016.pdf [abgerufen Juli 2017]

KfW Gründungsmonitor 2016 Tabellenband: https://www.kfw.de/PDF/Download-Center/Konzernthemen/Research/PDF-Dokumente-Gr%C3%BCndungsmonitor/KfW-Gr%C3%BCndungsmonitor-2016-Tabellenband.pdf [abgerufen Juli 2017]

KfW Gründungsmonitor 2017: https://www.kfw.de/PDF/Download-Center/Konzernthemen/Research/PDF-Dokumente-Gr%C3%BCndungsmonitor/KfW-Gr%C3%BCndungsmonitor-2017.pdf [abgerufen Juli/August 2017]

KfW: https://www.kfw.de/inlandsfoerderung/Unternehmen/Gr%C3%BCnden-Erweitern/Finanzierungsangebote/ERP-Gr%C3%BCnderkredit-Startgeld-(067)/ [abgerufen Juli 2017]

Ministerium für Arbeit, Integration und Soziales NRW: https://www.mais.nrw/talentkompass [abgerufen Juli/August 2017]

Oberländer, Anja: Entwicklung unternehmerischer Persönlichkeiten bei Existenzgründungen aus der Arbeitslosigkeit: https://kops.uni-konstanz.de/bitstream/handle/123456789/39131/Oberlaender_0-408263.pdf?sequence=3&isAllowed=y [abgerufen Juli/August 2017]

Sozialbank: https://www.sozialbank.de/fileadmin/2015/documents/3_Expertise/3.3.6_Fachbeitraege/2015/Fachbeitrag_BFS-Info2015-6_contec-Verguetungsstudie2014.pdf [abgerufen August 2017]

Spektrum der Wissenschaft online: http://www.spektrum.de/lexikon/psychologie/tertiaere-sozialisation/15426 [abgerufen August 2017]

Startercenter: http://www.startercenter.nrw.de/startercenter.html [abgerufen August 2017]

Startercenter: http://www.startercenter.nrw.de/unternehmensgruendung/businessplan/bestandteile.html [abgerufen August 2017]

TU München: http://www.amwayentrepreneurshipreport.tum.de/index.php?id=19&L=0 [abgerufen Juni.2017]

Wirtschaftswoche (WiWo): http://gruender.wiwo.de/studie-warum-aus-vielen-existenzgruendungen-nichts-wird/ [abgerufen August 2017]

Quellen eigener Studienarbeiten:

Grützmacher, Christoph: Identifizierung von fördernden und hemmenden Einflussfaktoren bei der Gründung im Bereich (sozialer) Dienstleistungen im Nebenerwerb: Studienarbeit

Grützmacher, Christoph: Transferreport Personalmanagement

Grützmacher, Christoph: Transferreport Betriebswirtschaftslehre